Regina Maaß

Gott sei Dank, Gott ist wieder angesagt!

Depressionen? Nein Danke!

Herstellung und Verlag:
BoD - Books on Demand, Norderstedt
Copyright © 2014 Regina Maaß
ISBN: 9783732297153

Regina.Maass@gmx.de
Bestellungen und Anfragen bitte über die Mail-Adresse.

Auflage 2 Januar 2014

Alle Bibelzitate aus der Einheitsübersetzung Herder
sowie aus „Der kleine Katechismus GTB" entnommen.

Quelle des Bildmaterials: Fotolia
Quelle für Erklärungen: Wikipedia
Quelle n-tv.de Text Umwelt

Inhalt

Einleitung	9
Burn-out	12
Gottes Plan für uns	32
Unser Unterbewusstsein	39
Hochmut	49
Wie ich zu Gott fand	54
Ungeduld	58
Politik und Wirtschaft	60
Warum lässt Gott das zu	66
Konsumverhalten	76
Verkehrte Welt	79
Immer höher hinauf	81
Die glitzernde Scheinwelt	85
Verkehrte Gedanken	87
Meine Geschichte	89
Gottes Stimme hören	95

Alkohol oder auch Ruin	97
Hauptsünden	100
Liebe	104
Du bist Anfang und Ende großer Gott	106
Gottes Zeichen	118
Das Ü-Ei	120
Ein Sturm zieht auf	123
Der Adler	125
Das Gerede der anderen	128
Gottes Zeitplan	130
Sorge dich nicht	135
Erneuerung	138
Träume und Visionen	140
Gottes Wort für mich	147
Das Böse besiegen	150
Vertrauen	152
Geld	159
Ein Wort noch zum Älterwerden	161

Ein letztes Wort	163
Alpha-Kurse	167

Gott sei Dank, Gott ist wieder angesagt!

Depressionen? Nein danke!

Gott hat eine Anleitung zum Glücklich-sein und will nicht, dass wir Trübsal blasen. Er verspricht uns nicht das schnelle Geld oder den großen Erfolg in nur wenigen Monaten. Er verrät uns auch nicht, wie wir in kürzester Zeit Millionär werden können – da muss ich Sie jetzt leider enttäuschen. Sollten Sie das jetzt allerdings erhofft haben, dann ist dieses Buch nichts für Sie und Sie sollten nicht weiterlesen.

Ansonsten blättern Sie einfach um …

Schön, dass Sie dabei sind. Gehen Sie nun mit mir auf eine Reise zu Gott. Eine Reise, die zu Ruhe, Zufriedenheit und Glück führt, denn Gottes Liebe ist bedingungslos. Sie haben richtig gelesen: Gottes Liebe ist bedingungslos. Er verlangt nichts, er erwartet nichts. Wir sind alle seine Kinder, daher ist er gütig und gnädig. Gott erfüllt unser Leben mit Liebe und er hat einen guten Plan für jeden von uns. Gott ist nicht wissenschaftlich erklärbar und doch, wenn wir lernen, zu glauben und wenn wir lernen nur ihm zu vertrauen, dann spüren wir seine Berührung und wir erhalten die Erkenntnis, dass er da ist. Gottes Licht führt uns aus der Finsternis.

Gott liebt uns auch dann, wenn wir es am wenigsten verdienen, weil wir seine Liebe dann am meisten brauchen.

Wenn wir aber unsere Verfehlungen eingestehen, können wir damit rechnen, dass Gott treu und gerecht ist: Er wird uns dann unsere Verfehlungen vergeben und uns von aller Schuld reinigen (Johannes 1,9).

Ein felsenfester Glaube und tiefes Vertrauen sind die Wegweiser zu Gott.

Ich will dich unterweisen und dir den Weg zeigen, den du gehen sollst. Ich will dich mit meinen Augen leiten (Psalm 32,8).

Gottes Berührung vertreibt die Trübsal aus unserem Herzen und Glück und Zufriedenheit können einziehen.

Burn-out

Gott will nicht, dass wir Trübsal blasen. Er möchte, dass wir glücklich sind und uns über jeden neuen Tag freuen.

Leider sind Depressionen zu einer Volkskrankheit geworden. Viele Menschen kommen mit dem stressigen Leben nicht mehr klar und fühlen sich ausgebrannt, nutzlos und leer. Das Leben scheint keinen Sinn mehr zu machen. Ich weiß wovon ich schreibe, denn ich war selbst mal schwer depressiv.
Wenn einem alles über den Kopf wächst und man das Gefühl hat, nichts mehr auf die Reihe zu bekommen, wenn man vor Sorgen nicht mehr schlafen kann, wenn der innere Dialog im Kopf nicht mehr aufhört und der Geist nicht mehr zu Ruhe kommt, dann ist es höchste Zeit die Bremse zu ziehen. Wer ausbrennt, muss einmal gebrannt haben – Burn-out. Nichts geht mehr.
Die ersten Anzeichen die zum Burn-out und zur einer schweren Depression führen können sind:

- Antriebslosigkeit
- Schlaflosigkeit
- Innere Unruhe
- Hoher Blutdruck
- Nervosität
- Ängste
- Überforderung
- Vertrauensverlust
- Misstrauen
- Rückzug

Denken Sie sich nicht krank! 90% aller Krankheiten sind hausgemacht. Sie sind psychischer Natur.

Der Mensch kann sich seine Krankheit einreden, auch hier bedarf es nur immer wieder kontinuierlicher Wiederholung, gleich einer Selbsthypnose. Sie führen einen ständigen Dialog mit Ihrer inneren Stimme. Bei einer anfänglichen Depression scheint die innere Stimme ein Eigenleben zu führen. Man verliert die Kontrolle.

In Stresssituationen führt man unweigerlich mehr Dialoge mit der inneren Stimme. Sie ärgern sich über eine bestimmte Sache und schaukeln sich immer weiter hoch.

Hass, Wut, und Zorn kommen zum Ausbruch.

Ist die Seele gesund, dann sind gelegentliche Wutausbrüche sogar gesundheitsförderlich. Die Spannung entlädt sich, wie bei einem Gewitter.

Befindet man sich aber schon längere Zeit in einem schlechten und stressgeladenen Zustand, nehmen die inneren Dialoge immer mehr selbstzerstörerische Ausmaße an.

Gönnen Sie sich lieber mal, einmal mehr, eine Auszeit und lassen Sie sich bloß kein schlechtes Gewissen einreden.

Gesundheit ist für den Menschen die Grundlage seines Glücks, aus ihr schöpft er seine ganze Kraft

Benjamin Disraeli

Die Ursachen für Burnout finden wir im persönlichen, beruflichen, sozialen und gesellschaftlichen Bereich. Der Rollenkonflikt spielt hier eine Rolle.

Wunschbild und Realität lassen sich nicht vereinbaren. Ist die Diskrepanz zu groß steigt die emotionale Enttäuschung zu stark an.

Die Enttäuschung stellt die Grundlage der Krankheit dar. Hoher Leistungsdruck, ständige Frustration wegen Nichterreichen gesteckter Ziele und zu hohe persönliche Erwartungen an die eigenen Leistungen sowie Überbelastung können zu Erschöpfung, Niedergeschlagenheit und schlussendlich in einen Burn-out führen.

Leistungsdruck am Arbeitsplatz durch zum Beispiel: Zu wenig Personal, unrealistische Anforderungen, schlechte Organisation und unsinnige Leistungsziele verbunden mit Ehrgeiz und nicht „Nein" sagen können, führen in der heutigen leistungsorientierten Zeit leider viel zu oft zu Überbelastung der Mitarbeiter.

Körperliche und emotionale Erschöpfung, anhaltende physische und psychische Leistungs- und Antriebsschwäche, Verlust der Fähigkeit, sich zu erholen und eine zynische, abweisende Grundstimmung, sind die charakteristischen Merkmale eines Burn-out.

Es kommt nicht nur zum Abbau in der Arbeit, sondern auch generell zur Verflachung des emotionalen, mentalen und sozialen Lebens. Gefühle wie Gleichgültigkeit, Einsamkeit und Desinteresse treten auf. Ebenfalls können psychosomatische Reaktionen auftreten:

- ∞ Schwächung des Immunsystems
- ∞ Verspannungen
- ∞ Schlafstörung
- ∞ Kreislaufprobleme
- ∞ Verdauungs- und Essstörungen
- ∞ Herzerkrankungen
- ∞ Geschwüre im Magen und Darm-Trakt
- ∞ Tinitus
- ∞ Alkoholsucht
- ∞ Medikamentenabhängigkeit
- ∞ Drogensucht

Im Endstadium des Burn-out erlebt der Betroffene existenzielle Verzweiflung. Die Einstellung zum Leben ist überwiegend negativ. Der Betroffene wird von einem Gefühl der Hilflosigkeit und Niedergeschlagenheit beherrscht. Für ihn scheint alles sinnlos zu sein. Was folgt ist eine schwere Depression, die sogar im Suizid enden kann. Die Behandlung von Burnout Patienten sollte eigentlich durch professionelle Hilfe unterstützt werden. Im fortgeschrittenen Stadium vergeht ein Burn-out-Syndrom nicht einfach wieder. Hier benötigt der Betroffene eine gezielte Psychotherapie. Hier werden dann auch meist Antidepressiva verschrieben.

Wenn ein Mensch seine eigene Wertschätzung verliert wird er krank. Die Einnahme von blutdrucksenkenden Mitteln, Antidepressiva oder Betablocker und Beruhigungsmittel bekämpfen zwar die Symptome nicht aber, die Ursachen und man begibt sich mit der Bereitschaft, Medikamente zu nehmen, in eine lebenslange Abhängigkeit.

In den letzten Jahren werden aber auch natürliche Präparate als Ergänzung eingesetzt wie Johanniskraut und Baldrian, da diese auf die Serotonin-Produktion und damit auf die Stimmung positiv Einfluss nehmen.

Man wacht nicht einfach auf und ist plötzlich depressiv. Dieser Zustand kommt ganz schleichend, als würde die Seele nach und nach von einem Nebel eingehüllt und verschlungen.

Die Kraft und Energie wird aus dem Körper gesogen, die Glieder werden schwer. Der innere Dialog im Kopf bricht nicht mehr ab. Da ist eine Stimme, die alles in Frage stellt, alles ins Negative umkehrt. Die einem einreden möchte, dass man nichts wert sei. Und, dass es sich nicht lohnt zu leben.

Wo kommt diese Stimme her, die andauernd und permanent redet. Die Gedanken drehen sich, wie ein Karussell, im Kreis. Es ist unmöglich auszusteigen.

Ich wollte einfach morgens nicht mehr aufstehen und war nicht mehr in der Lage die einfachsten Dinge zu erledigen. Alles war mir egal. Ich war des Lebens müde geworden. Auch meine Depression wurde mit Antidepressiva und Betablocker behandelt und gegen meine Angstzustände nahm ich Beruhigungstabletten, von denen ich dann abhängig wurde und die Dosis immer mehr erhöhen musste. Ohne diese Medikamente war ich nicht mehr in der Lage, das Haus zu verlassen.

Doch mein Zustand verschlechterte sich immer mehr, so dass ich schließlich bei einem Psychiater landete. Dieser nahm sich kaum Zeit, mit mir zu reden, probierte aber verschiedene Sorten Antidepressiva an mir aus, mit fatalen Folgen. Ich war oft körperlich nicht mehr in der Lage aufzustehen und bekam Herzprobleme. Durch die Einnahme von Antidepressiva nahm ich in kürzester Zeit fast 25 kg an Gewicht zu, das machte mich natürlich noch depressiver.

Später stellte sich durch Zufall heraus, dass dieser Psychiater Leistungen mit meiner Krankenkasse abrechnen wollte, die er gar nicht erbracht hatte. Erst war ich verzweifelt darüber, dass ich selbst dem Arzt nicht mehr trauen konnte, doch dann erwachten, wie durch ein Wunder, meine Lebensgeister wieder und ich beschloss zu Leben.

Ich weiß heute, dass Gott zur rechten Zeit eingeschritten ist. Er hat mir gezeigt, dass es sich lohnt zu leben und er gab mir die Kraft mich selbst zu heilen.

Ich musste mich entscheiden: Entweder ein Leben lang von Ärzten und Medikamenten abhängig sein oder, das Leben wieder selbst in die Hand nehmen. Ich habe mich für den zweiten Weg entschieden.

Mit einer Kombination aus Johanniskraut- und Baldriankapseln, die ich mehrmals am Tag in größeren Mengen einnahm, schaffte ich es, mich ganz allmählich von meiner Abhängigkeit zu befreien. Allerdings litt ich in den ersten Wochen unter starken Kopfschmerzen und hatte Konzentrationsstörungen. Ich gab aber nicht auf und konnte so nach und nach die Beruhigungstabletten reduzieren und schließlich ganz absetzen.

Johanniskraut hat den Effekt, dass sich die Stimmungslage bessert, daher reduzierte ich die Antidepressiva ebenfalls, bis ich keine mehr brauchte. Es dauerte zwar einige Monate, aber am Ende war ich frei.

Gott hat mir die Kraft gegeben hat. Er hat mich aus der Dunkelheit befreit, dadurch habe ich gelernt, ihm zu vertrauen. Rufen Sie Gott, er wartet nur darauf Ihnen zu helfen.

Da aber Jesus das hörte, antwortete er ihm und sprach: Fürchte dich nicht; glaube nur, so wird sie gesund (Lukas 8,50).

Die Welt ist voll mit schlechten Schlagzeilen, da muss man ja irre werden!

Auch ich bin nicht vor gelegentlichen Wutausbrüchen gefeit. Vor so viel Armut und Elend, aber auch Dekadenz und Gleichgültigkeit kann man die Augen nicht verschließen. Sie müssen aber nicht jede negative Schlagzeile lesen, denn alles Negative belastet nur die Seele und macht uns auf Dauer krank. Sie können nichts, aber auch gar nichts an dem Elend in dieser Welt ändern, wenn es Ihnen selber schlecht geht. Umgeben Sie sich mit schönen Dingen und streicheln Sie öfter mal Ihre Seele. Nicht das Problem ist das Problem, sondern die Art, wie wir damit umgehen. Machen Sie aus einer Mücke keinen Elefanten! Es gibt einen natürlichen Heilungsprozess, und das ist der Glaube. Sie müssen zu der festen Überzeugung gelangen, dass Gott sie gesund sehen will. Bei positiver Beeinflussung Ihres Unterbewusstseins bleibt auch die Seele gesund.

- ∞ Machen Sie aus einer Mücke keinen Elefanten
- ∞ Sorgen Sie sich nicht ständig
- ∞ Achten Sie auf die Qualität Ihrer Gedanken
- ∞ Ersticken Sie negative Gedanken sofort im Keim
- ∞ Bitten Sie Gott um Hilfe
- ∞ Sagen Sie rechtzeitig Stopp
- ∞ Wertschätzen Sie sich selbst
- ∞ Fördern Sie Ihre Kreativität indem Sie sich in den Alpha-Zustand versetzen
- ∞ Ärgern Sie sich nicht ständig
- ∞ Üben Sie sich täglich in Gelassenheit
- ∞ Belasten Sie sich nicht ständig mit negativen Nachrichten

Veränderungen in der äußeren Welt können nur gelingen, wenn Sie Ihre innere Welt im Griff haben! Glauben Sie an Ihre eigene Stärke!

Lassen Sie es gar nicht erst zu einer Seelenkrise kommen. Wenn Sie die ersten Anzeichen erkennen, dann müssen Sie sofort handeln. Stressabbau mit Hilfe von Meditation, Yoga, Sport und Tiefenentspannung sind schon sehr hilfreich und ganz wichtig. Gott ist Ihre größte Kraftquelle. Legen Sie Ihr Anliegen in seine Hände, er wird Sie heilen.

Wühlen Sie nicht ständig in der Vergangenheit. Warum glauben Sie, dauert eine therapeutische Verbindung oft jahrelang? Weil hier den schlechten Gefühlen immer wieder neue Nahrung gegeben wird.

Manchmal erkennt man den Wert eines Augenblicks erst dann, wenn er zur Erinnerung wird.

Theodor Seuss Geisel

Nicht dass Sie mich falsch verstehen, ich sage nicht, alle Ärzte und Therapeuten sind schlecht. Ich bin mir ganz sicher, dass viele ihre Arbeit hervorragend erledigen, aber es gibt auch hier einige schwarze Schafe. Wenn Sie Hilfe in Anspruch nehmen wollen, dann wählen Sie sorgfältig aus. Oft ist schon das erste Bauchgefühl richtig. Ein Arzt, Psychologe oder Therapeut, der als ersten Punkt in seiner Werteliste nur Geldverdienen stehen hat, wird Ihnen bestimmt nicht aus der Seelenkrise helfen können.

Die Blume braucht Wasser und vor allem Licht. Sie streckt ihren Kopf dem Licht entgegen und nur so kann sie in voller Pracht erblühen.

Kein Ereignis hat irgendeine Macht über mich, außer der, die ich ihm in meinen Gedanken gebe.

Anthony Robbins

Denken Sie an etwas Gutes, so wird es sich höchstwahrscheinlich auch verwirklichen. Denken Sie an etwas Schlechtes, so wird auch dieses eintreten. Ihr Unterbewusstsein macht keine Einwendungen. Es nimmt einfach nur hin, was Sie in Ihren Gedanken bestimmen. Wenn Sie denken, ich kann nicht, so nimmt Ihr Unterbewusstsein das für wahr an. Deshalb sagen Sie niemals: „Ich kann nicht!" Sie sind der Dirigent Ihres Lebens. Der Mensch schwächt sein Selbstvertrauen durch seine Minderwertigkeitskomplexe derart, dass ihm wirklich nichts mehr gelingt.

Wenn Sie jahrelang Misserfolg abgespeichert haben, so wird auch Misserfolg immer wieder abgerufen.

Sie müssen umprogrammieren auf Erfolg.

Löschen Sie alle negativen Gedanken und Aussagen und programmieren Sie sich, mit Gotteshilfe, auf positive Gedanken. Denken Sie daran, Gott ist für Sie da in jeder Lebenslage. Bitten Sie um Hilfe und er wird Sie erhören.

Nichts ändert sich, außer ich ändere mich.

Tief in uns fühlen wir eine große Sehnsucht, aber wir wissen nicht genau, wonach wir eigentlich suchen. Deswegen richten wir unsere ganze Aufmerksamkeit oft auf materielle Dinge und wundern uns dann, dass sich ein Gefühl von Zufriedenheit nicht einstellt.

Ausschlaggebend ist eine ständige Wiederholung.

Wir selbst, aber auch andere Personen wie zum Beispiel die Eltern oder der Partner können uns, auch ganz unbeabsichtigt, falsch programmieren. Aus der Psychologie kommt der Begriff ankern oder auch Anker setzten. Ich kann positive Anker setzen, aber auch negative. Ein negativer Anker lässt immer wieder alte und schlechte Gefühle und Erinnerungen hochkommen und blockiert uns so.

In meinem Fall ist der Satz: „Du bist nicht in der Lage dazu…!" ein negativer Anker oder auch eine falsche Programmierung des Gehirns. Ich muss versuchen, diesen Anker zu entkräften, indem ich einen neuen und positiven Anker setze.

Das menschliche Gehirn funktioniert wie ein Computer, programmiert man es falsch, funktioniert es nicht richtig oder kann sogar abstürzen wie bei einem Burn-out.

Ein positiver Satz wäre: „Ich kann mit Gottes Hilfe alles schaffen, was ich schaffen muss!"

In der Bibel finden wir so viele positive Sprüche, die uns zu einem besseren Leben verhelfen wollen. *Denn bei dir ist die Quelle des Lebens, in deinem Licht schauen wir das Licht (Psalmen 36,10).*

Nahe ist der Herr den zerbrochenen Herzen, er hilft denen auf, die zerknirscht sind (Psalmen 34,19).

Ein falsch gesetzter Anker lässt einen immer wieder aufgeben und resignieren.

Wenn sich die Gedanken nur noch um Negatives drehen und das Gedankenkarussell nicht mehr stillsteht, dann können sich Unruhezustände einstellen, im schlimmsten Fall wird man depressiv.

Die Stimme im Kopf, die einem schlechte Gedanken einredet, scheint ein Eigenleben zu führen.

Man wacht nicht einfach auf und ist plötzlich depressiv. Dieser Zustand kommt ganz schleichend, als würde die Seele nach und nach von einem Nebel eingehüllt und verschlungen. Die Kraft und Energie wird aus dem Körper gesogen, die Glieder werden schwer. Man hat keine Macht mehr über die eigenen Gedanken. Jeder positive Gedanke wird sofort im Keim erstickt. Der innere Dialog im Kopf bricht nicht mehr ab. Da ist eine Stimme, die alles infrage stellt, alles ins Negative umkehrt. Die einem suggerieren möchte, dass man nichts wert sei und dass es sich nicht lohnt zu leben. Der Teufel greift uns an, denn er möchte nicht, dass wir glücklich sind. Er will nicht, dass wir zufrieden sind und uns Gott zuwenden. Er ist der Gegenspieler Gottes und möchte alles Gute verhindern. Er liebt das Schlechte in der Welt. Er möchte, dass wir Menschen leiden und oft benutzt er andere Menschen, um uns zu schaden. Wenn der Teufel merkt, dass jemand verletzlich und angreifbar ist, dann lässt er so schnell nicht locker. Heute weiß ich: Gott ist mein Schild. Mit seiner Hilfe kann mir alles gelingen.

Nur ein starker Glaube bietet Schutz vor dem Bösen.

Kein Mensch kann mich mehr richten, kein Leid kann mir mehr widerfahren.

Fürchte dich nicht, denn ich habe dich erlöst; ich habe dich bei deinem Namen gerufen; du bist mein ... (Jesaja. 43,1).

Bitte lassen Sie sich von anderen Menschen nicht einreden, dass Sie nichts wert sind. Kein Mensch ist mehr wert als der andere. Nur weil einer studiert hat oder aus einem wohlhabenden Elternhaus kommt, heißt das nicht, dass er mehr Wert ist. Vor Gott sind alle Menschen gleich – er kennt keine Elite, denn er liebt uns alle und macht keine Unterschiede. Gott mag es nicht, wenn wir hochmutig sind und abfällig über andere sprechen. Von Menschen, die einen nicht wertschätzen und respektieren, sollte man sich trennen. Trennen Sie sich von Neidern und Miesmachern. Menschen die Ihr Tun immer nur schlecht reden, aber sich selbst immer in den Mittelpunkt heben wollen, ziehen Sie nur runter. Sie sind der wertvollste Mensch in Ihrem Leben! Leben Sie danach!

Nur wer sich selbst wertschätzt, wird geschätzt.

Formel: Die eigene Wertschätzung = Erfolg

Albert Einstein wurde von seinem Lehrer als geistig zurückgeblieben bezeichnet und Walt Disney wurde anfangs abgelehnt, weil er nicht kreativ genug gewesen sein soll.

Lassen Sie sich nie entmutigen!

*Alles, was die menschlichen Kräfte vergrößert,
was dem Menschen zeigt, dass er Dinge tun kann,
die er nie für möglich gehalten hätte,
ist von großem Wert.*

Ben Jonson

Es ist nie zu spät neu anzufangen. Egal wie alt Sie sind und wie oft sie schon gestolpert sind, stehen Sie immer wieder auf und fangen Sie wieder an. Es ist viel spannender etwas zu tun, als nur durchzuhängen.

Wandeln Sie Ihre Denkgewohnheiten und Sie erlangen die Macht Ihre Zukunft selbst zu gestalten. Behaupten Sie niemals, dass sie irgendetwas nicht können. Gott hat Ihnen alle Ressourcen gegeben, das Beste aus Ihrem Leben machen zu können. Man kann alles lernen und erreichen, wenn man nur will und wenn man Gottes Führung zulässt.

Jeder Mensch sollte seine Berufung finden und sich dann darauf spezialisieren. Vergessen Sie den schnellen Erfolg, der heutzutage so *in* ist.

Stecken Sie sich Ziele. Sie würden ja sonst dieses Buch nicht lesen, wenn Sie nicht den Wunsch hätten, irgendetwas in Ihrem Leben zu verändern.

Nichts ändert sich, außer wir ändern uns.

Mit Gottes Hilfe können Sie herausfinden, was Sie wirklich brauchen, um glücklich und zufrieden zu sein.

Der Langsamste, der sein Ziel nicht aus den Augen verliert,
geht noch immer geschwinder,
als der, der ohne Ziel herumirrt.

Lessing

Mit Gottes Hilfe werden Sie zum Problemlöser. Nur wer Probleme lösen kann, kann sein Leben auch erfolgreich genießen. Sorgen Sie sich nicht, denn Gott sorgt immer zum richtigen Zeitpunkt für Sie.

Werden Sie wieder unbekümmert und ausgelassen wie ein Kind.
Die meisten Erwachsenen haben die Unbekümmertheit längst verloren, weil uns immer wieder Grenzen gesetzt wurden. Da wir aber auf Gott vertrauen können, dürfen wir auch unbekümmert sein.

Ständiges Sorgenmachen blockiert nur den eigenen Tatendrang und macht Sie unfähig, die Dinge objektiv zu betrachten.

Suchen Sie nicht nach Fehlern,
suchen Sie nach Lösungen.

Henry Ford

Burnout aus medizinischer Sicht

Jedes menschliche Verhalten besteht aus neurologischen Prozessen. Die Nerven nehmen Reize auf und transportieren diese zum Gehirn. Das Gehirn filtert und verarbeitet diese Reize (unterschiedliche Sinneswahrnehmungen wie Sehen, Hören, Berühren, Riechen und Schmecken).

Das Gefühl „Stress" wird durch eine plötzliche Veränderung ausgelöst. Unser Körper reagiert darauf mit Angst, Herzklopfen und sogar Panik.

Das Hormon Adrenalin schießt in unseren Blutkreislauf und erzeugt ein anderes Hormon: Nor-Adrenalin. Damit werden die Emotionen erzeugt. Weil die Blutzirkulation angeregt wird, gelangt auch mehr Sauerstoff in das Blut. Die Atmung beschleunigt sich, Muskeln spannen sich an und die Sinneswahrnehmung wird geschärft. Der ganze Körper befindet sich in Alarmbereitschaft. Dieser Prozess ist eigentlich geschaffen, damit wir uns auf Gefahrensituationen einstellen können, und dauert in der Regel nur kurze Zeit. Kritisch wird es dann, wenn dieser Zustand über längere Zeit konstant bleibt, dann befinden wir uns in einem seelischen Ungleichgewicht, auch Disstress genannt.

Ein schrecklicher Albtraum

Eines Nachts hatte ich einen schrecklichen Albtraum. Ich wurde wach, weil ich das Gefühl hatte, irgendetwas sitzt auf meiner Brust. Ich wollte mich aufrichten, aber das Gewicht auf mir ließ das nicht zu. Erst als ich meine Augen weit aufriss, um sehen zu können, was oder wer auf mir saß, ließ der Druck nach und der Spuk war vorbei. Ich habe dieses Erlebte nie jemandem erzählt, weil ich glaubte, man würde mich für verrückt erklären, aber ich bin nicht die Einzige, der so etwas widerfahren ist.

Mein Herz zittert, Grauen hat mich betäubt; ich habe in der lieben Nacht keine Ruhe davor. Jesaja 21,4

Alpdruck (oder Incubus, englisch für ‚Dämon des Alpdrückens): "von Alp (Alb) und der Vorstellung, dass diese auf der Brust saßen und somit ein beklemmendes Druckgefühl erzeugten". "Alben waren in der germanischen Mythologie für die Träume zuständig. Auf sie führte man die schlechten Träume zurück. Insbesondere stellte man sich bildlich die Alben meist in Halbmensch-Gestalt auf der Brust des Schlafenden hockend vor, was ein unangenehmes Druckgefühl auslöste.

(Quelle: Wikipedia)

Teufel bedeutet auf Deutsch Verleumder und meint jemanden, der sich gegen Gott auflehnt und ihn verleumdet.

Der Teufel ist ein gefallener Engel Gottes und die Bibel beschreibt ihn sogar als einen ausgesprochen schönen und vollkommenen Engel, bevor er sich gegen Gott auflehnte. Er ist der Widersacher Gottes und versucht, die Menschen ins Verderben zu locken. Er ist ein Lügner und ist verantwortlich für das Böse in der Welt.

Seid nüchtern und wachet; denn euer Widersacher, der Teufel, geht umher wie ein brüllender Löwe und sucht, welchen er verschlinge (Petrus 5,8).

Wenn wir Gott verleumden, dann liefern wir uns schutzlos dem Teufel aus und er hat leichtes Spiel mit uns armen Seelen. Er redet uns nur verkehrte Gedanken ein, damit wir uns selbst und anderen schaden.

Was verursacht Kriege und Streitigkeiten. Wir sind neidisch auf dass, was die anderen haben (Jakobus 4,2).

Der Teufel lockt uns in eine perfide Falle und verspricht uns das ganz große Glück, aber er treibt uns ins Verderben. Er liebt das Leid, den Krieg und den Tod und liebt es, wenn wir unglücklich sind.

Ziehet an den Harnisch Gottes, dass ihr bestehen könnet gegen die listigen Anläufe des Teufels
(Epheser 6,11).

Gottes Plan für uns

Gott hat einen Plan für jeden von uns, aber er hat seinen eigenen Zeitplan. Daher sollten wir lernen, geduldig zu sein und darauf vertrauen, dass er rechtzeitig einschreiten wird. Wir sollen nicht in Furcht vor dem Morgen leben. Jeder Tag ist ein Geschenk Gottes, daher sollen wir uns daran erfreuen. Oft scheint es uns, als würde Gott sich viel Zeit lassen. Wir können uns aber nur weiterentwickeln, wenn wir lernen, nur ihm zu vertrauen und wenn wir lernen, geduldig zu sein. Mit Gottes Führung kann uns alles gelingen. Gott will nicht, dass wir aufgeben. Er hilft uns zur rechten Zeit.

Du mein Fels, meine Burg, mein Retter, du mein Gott, meine sichere Zuflucht, mein Beschützer, mein starker Helfer, meine Festung auf steiler Höhe (Psalm 18,3).

Ein steter Tropfen höhlt den Stein. Nur wer sich in Geduld übt, der wird seinen Plan verwirklichen können. Weitergehen, Schritt für Schritt, nicht müde werden und niemals aufgeben. Auch die erfolgreichsten Menschen sind irgendwann einmal hingefallen, der Unterschied zu den Erfolglosen ist aber, dass sie immer wieder aufstehen, bis ihr Vorhaben schließlich gelingt.

Manchmal muss man erst verlieren, um zu lernen, wie man gewinnt.

Lewis Hamilton

Wenn Sie sich mit Dingen beschäftigen, die in Ihnen keine Leidenschaft auslösen, dann werden Sie nie richtig erfolgreich werden. Sie müssen für eine Idee brennen.

Gott hat jeden Menschen, auch Sie, mit besonderen Gaben ausgestattet. Was können Sie besonders gut? Was sind Ihre Talente? Was machen Sie besonders gerne? Was ist Ihre Leidenschaft?

Ich schreibe leidenschaftlich gerne und Gott nutzt dieses Talent, damit sich sein Plan für mich verwirklicht. Sicherlich nicht von jetzt auf gleich – Schreiben ist auch oft sehr mühselig und zeitintensiv.

Wir machen das aus Leidenschaft!

Talent allein reicht hier auch nicht aus. Ich muss schon bereit dazu sein, das Handwerk des Schreibens erlernen zu wollen, dazu gehört, dass ich regelmäßig schreibe, um an meinen Fähigkeiten zu feilen. Und natürlich gehören auch viel Disziplin und Geduld dazu. Mit diesen beiden Eigenschaften bin ich nicht gerade gesegnet. Wenn meine Idee zu einem Buch dann endlich fertig ist, muss noch Korrektur gelesen werden. Danach wird das Buch in die richtige Formatierung gebracht. Und zum guten Schluss benötigt man noch ein ansprechendes Cover, erst dann kann ich mich um die Veröffentlichung und die Vermarktung kümmern.

*Ein Musiker muss musizieren,
ein Maler muss malen,
ein Dichter muss schreiben,
wenn er in Frieden mit sich leben will.*

Abraham Maslow

Gott sei Dank gibt es heute Book on demand, damit kann eigentlich jeder, der gerne schreibt, ein Buch veröffentlichen. Ich muss nicht mehr mühselig alle Verleger abklappern in der Hoffnung, dass irgendeiner bereit ist mein Buch zu veröffentlichen, was auch fast schon unmöglich ist, vor allem dann, wenn man sich als Autor noch keinen Namen gemacht hat. Ein Nachteil bei Book on demand ist, dass man sein Buch auch selbst vermarkten und bewerben muss, da wären wir dann beim nächsten Problem. Mit dem Schreiben, lässt sich sicherlich nicht schnell mal das große Geld machen und ich weiß auch nie, ob sich überhaupt Leser finden werden. Trotzdem schreibe ich, weil es meine Leidenschaft ist und weil Gott mir gesagt hat, dass ich schreiben soll. Zu Beginn meiner Schreibtätigkeit hatte ich natürlich auch Zweifel. Wer will schon meine Bücher lesen? Es gibt doch schon so viele Bücher zu dem Thema auf dem Markt – wer will da noch meine lesen? Gott will nicht, dass wir kleindenken, denn …

„Das Erdgeschoss ist ziemlich überlaufen, aber in den oberen Stockwerken ist noch jede Menge Platz."

… er möchte, dass wir groß denken!

Gott antwortet jedem, der ihn ruft!

Vielleicht zeigt er sich in Ihren Träumen oder er spricht durch andere Menschen zu Ihnen. Rufen Sie ihn und er wird antworten! Wenn Sie an ihn glauben und ihm vertrauen, dann wird er einschreiten.

Gott möchte, dass wir zuversichtlich sind und Gottvertrauen haben, dann und nur dann kann uns alles gelingen.

Gott will, dass allen Menschen geholfen werde und sie zur Erkenntnis der Wahrheit kommen (Timotheus 2,4).

Sagen Sie nie: „Ich kann das nicht!" Sie blockieren sich so immer wieder selbst. Formulieren Sie Ihre Gedanken positiv:

- ✓ Ich will
- ✓ Ich kann
- ✓ Ich werde

Wenn negative Gedanken aufkommen, dann sagen Sie immer wieder zu sich selbst: „Mit Gottes Hilfe kann ich alles schaffen, was ich schaffen muss!"

Die Wiederholung ist ganz wichtig!

Ideen sind dazu da, realisiert zu werden. Lassen Sie Ihre guten Ideen nicht einfach so verstreichen. Vielleicht ist gerade diese Idee Ihr großer Durchbruch und Gottes Plan für Sie. Sie müssen es schon ausprobieren um zu wissen ob Sie richtig liegen. *Wer nicht wagt, der nicht gewinnt.* Oft kommt eine gute Idee ganz plötzlich, doch wenn Sie dann zu lange warten und erst einmal ein paar Tage darüber nachdenken müssen, ist das Pulver höchstwahrscheinlich wieder verschossen.

Begeisterung ist keine Heringsware,
die man einpökelt auf viele Jahre.
Goethe

Fangen Sie doch einfach an. Sie müssen die Lösung doch nicht sofort parat haben. Sie werden feststellen: Wenn Sie einmal angefangen sind, dann zeigt sich die Lösung von ganz alleine. Wichtig ist, genau wie beim Puzzeln, die Konzentration auf die eine Sache. Lassen Sie sich nicht ablenken.

Tu was du kannst, mit dem was du hast, wo immer du bist.

Theodore Roosevelt

Bleiben Sie auf Ihr Ziel fokussiert. Und vor allem konzentrieren Sie sich auf die eine Sache, denn viele Menschen neigen dazu, tausend Dinge auf einmal machen zu wollen und verzetteln sich dabei.

Der Mensch braucht Träume und Visionen. Der Mensch braucht Ziele.

Wenn wir uns mal sehr erfolgreiche Persönlichkeiten ansehen, dann stellen wir fest, dass all diese Menschen berühmt und erfolgreich wurden, weil Sie sich auf eine bestimmte Sache spezialisiert hatten.

Es ist gewiss gut, wenn Sie mit Vielseitigkeit glänzen, allerdings können Sie bei zu häufigem Wechsel Ihrer Interessen niemals genial werden.

Jeder Mensch sollte seine Berufung finden und sich darauf spezialisieren. Vergessen Sie den schnellen Erfolg. Sicher haben auch Sie schon viele Senkrechtstarter wieder fallen gesehen. Erfolg zu haben heißt auch, an sich zu arbeiten und Arbeit kann auch Spaß machen.

Der wichtigste Schlüssel zum Erfolg ist, einfach anzufangen.

Wenn du etwas Kleines siehst,
wie es sich selbst sieht,
und was schwach ist,
in seiner Stärke betrachtest,
und des im Dunkel verborgenen Lichts dich bedienst,
dann wird alles gut werden.
Denn das heißt, natürlich zu handeln.
Lao-Tse, Tao- Te-King

Unser Unterbewusstsein

Schuld daran, dass wir immer wieder scheitern und nie so richtig vorankommen, sind oft unsere eigenen Gedanken.

So wie wir uns vorstellen können, Glück im Leben zu haben, so können wir uns aber auch vorstellen, dass alles in eine Schieflage gerät.

Wenn ich mir immer wieder vorstelle, dass mir nichts gelingt, dass ich es nie zu etwas bringen werde, dann erzeuge ich Bilder im Kopf und mein Unterbewusstsein macht sich daran, diese zu verwirklichen.

Unterschätzen Sie nie die Kraft Ihres Unterbewusstseins. Genauso gut wie wir uns Erfolg vorstellen können, können wir uns auch Versagen vorstellen.

Denken Sie nie, dass Sie irgendetwas nicht können, denn damit programmieren Sie sich nur selbst negativ.

Die ersten Minuten morgens nach dem Aufwachen sollten Gott gehören. Bitten Sie ihn um Hilfe für den neuen Tag.

Glauben Sie an das Gute in Ihrem Leben. Glauben Sie an Gottes Führung, dann werden Sie auch die richtigen Eingebungen erfahren.

Sagen Sie **Stopp**, wenn sich schlechte Gedanken einschleichen wollen, denn Sie wissen ja, Sie sind der Herr Ihrer Gedanken! Sie sind der Steuermann Ihres Schiffes und Gott ist Ihr Kapitän!

So wie wir denken, so sind wir, das heißt: Denken wir negativ über uns selbst und unser Umfeld, so wird sich das beizeiten erfüllen. Denken wir aber positiv, so wird sich auch das erfüllen. Schlechte Gedanken können sogar töten. Unser Unterbewusstsein ist das Buch unseres Lebens.

Es ist der Geist, der gut oder böse macht, der traurig oder glücklich, reich oder arm macht. **Edmund Spenser**

Das Grab des Hermes enthielt die größte Erkenntnis aller Zeit: „Wie drinnen, so draußen; wie oben, so unten." Das bedeutet: Was immer Sie unterbewusst als wahr empfinden, nimmt Gestalt an.

Wenn wir seelisch gesund sein wollen, müssen wir aufhören, uns Sorgen zu machen. Gott verspricht uns, dass er sich um uns kümmert. Sich Sorgen machen, ist ein gefährliches Spiel. Was man glaubt und erwartet, bekommt man auch. Sorgen können den schlechten Dingen noch die Tür öffnen, besonders, wenn man die Gedanken noch laut ausspricht. Gott ist nicht Urheber von Verunsicherung und Verwirrung. Sie können alle Herausforderung im Leben meistern. Sie können es schaffen, Sie dürfen nur nicht aufgeben. Gott will nicht, dass wir voller Sorgen und Ängste leben, er will auch nicht, dass wir den Drang haben, alles verstehen zu müssen.

Das Leben ist kein Glücksspiel. Gott hat gesagt Leben und Tod lege ich dir vor. Wähle also das Leben!

Sorgen ertrinken nicht in Alkohol.
Sie können schwimmen.

Heinz Rühmann

Glücklich ist, wer vergisst, was nicht mehr zu ändern ist.
Richtig glücklich zu sein, ist wohl das größte Geheimnis aller Zeiten. Kennen Sie das auch? Wenn ich einen Mann habe, dann bin ich glücklich! Wenn ich ein Haus habe, dann bin ich glücklich! Wenn ich ...
Der Weg ist das Ziel! Seien Sie glücklich, bei allem, was Sie tun. Seien Sie jetzt glücklich, denn jetzt ist gleich schon vorbei und kommt nie wieder.

Ich bin glücklich, weil die Sonne schein, weil ich Zeit habe, dieses Buch zu schreiben, weil ich weiß, dass Gott mich liebt und er immer bei mir ist. Ich kann ihm meine Sorgen übergeben, denn ich weiß, dass er sich um mich kümmert.
Oft sind es die kleinen Dinge und schöne Momente, wie zum Beispiel ein friedlicher Platz am See oder ein blühender Garten, die uns so richtig glücklich machen. Momente der Zufriedenheit und des Glücks, die Gott uns schenkt.

Der Glaube ist der Ursprung des Erfolgs und die Sehnsüchte und Wünsche sind der Kompass.

Genieß die Gegenwart mit frohem Sinn,
sorglos, was dir die Zukunft bringen werde;
doch nimm auch bitteren Kelch mit Lächeln hin-
vollkommen ist kein Glück auf dieser Erde.
Horaz

Wir leben in einer Zeit der Ungewissheit. Wohin soll das alles noch führen? Die Wissenschaft geht mit so großen Schritten voran und lässt uns keine Zeit zum Luft holen. Der Fortschritt überrollt uns förmlich. Wir Menschen wollen alles ganz genau wissen. Wir hinterfragen, experimentieren und versuchen leider oft mit fatalen Folgen für die Natur und die Menschheit.

Der Mensch möchte Gott spielen. Die Medizin ist heute so weit, dass viele Krankheiten geheilt werden können, sodass wir Menschen immer älter werden, aber die Forschung ist auch so weit, dass sie uns mit einem Schlag vernichten könnte.

Das ist sicherlich nicht Gottes Wille gewesen, als er uns die Erde übergeben hat.

Der Mensch denkt, dass er allwissend werden kann, aber das funktioniert so nicht.

Gott will nicht, dass wir allwissend sind. Nur Gott ist allwissend. Er hat uns geschaffen, damit wir nach seinem Ebenbild leben und das schätzen, was er uns geschenkt hat.

Hütet euch vor falschen Propheten; sie kommen zu euch wie harmlose Schafe, in Wirklichkeit aber sind sie reißende Wölfe (Matthäus 7,15).

Kein Tier auf dieser Erde würde seinen Lebensraum selbst vernichten, aber der Mensch tut es, obwohl oder vielleicht gerade deshalb, weil er denkt, er hätte so viel Verstand.

Wir Menschen sind nicht allmächtig! Gott will, dass es uns gut geht. Er will nicht, dass wir alles hinterfragen, wir müssen nicht alles wissen und beherrschen. Wir sind dumm wenn wir denken: „Wissen ist Macht". Und wir sind dumm, wenn wir denken – noch höher, noch größer und noch reicher sein zu müssen, um alles andere zu übertreffen. Nur Gott ist die Herrlichkeit in Ewigkeit! Amen.

Dein Trotz und deines Herzens Hochmut hat dich betrogen, weil du in Felsenklüften wohnst und hohe Gebirge innehast. Wenn du denn gleich dein Nest so hoch machtest wie der Adler, dennoch will ich dich von dort herunterstürzen, spricht der Herr (Jeremia 49,16).

Höher hinauf als zu Gott geht es nicht. Wir Menschen sind nichts im Vergleich zu Gott. Er könnte uns mit einem Schlag vernichten, wenn er nur wollte. Aber Gott liebt die Menschen, die er erschaffen hat und er hat einen Bund mit uns geschlossen, dies nicht zu tun – der *Regenbogen* ist ein Symbol dafür. Gott hält sein Wort.

Wir können ihm vertrauen.

Bis hierher sollst du kommen und nicht weiter; hier sollen sich legen deine stolzen Wellen (Hiob 38,11).

Je tiefer die Beziehung zu Gott ist, umso mehr ärgert sich der Teufel darüber. Als Christ sollte man das Licht der Welt sein, doch so viele scheinen das vergessen zu haben.

Ich will meine Zeit nicht damit verbringen, mit Gott über unwichtige Dinge zu diskutieren. Gott sollte für uns an erster Stelle stehen und ein Gebet sollte keine Pflicht sein, sondern eine Freude für uns.

Wir reden mit Gott, wenn wir beten. Wenn Sie Gott nah sein wollen, müssen Sie Zeit mit ihm verbringen. Alles was Gott uns sagt und zeigt, dient zu unserem Besten. Es gibt kaum etwas Tragischeres auf der Welt, als einen Christ der unglücklich ist. Ein Christ der unglücklich ist, ist schon ein Widerspruch an sich. Wir müssen nicht versuchen, ohne Gott durch schlechte Zeiten zu gehen. Wir müssen lernen unsere Beziehung zu Gott wirklich ernst zu nehmen. Wir sollen herausfinden, wie sich Jesus mit den Versuchungen des Teufels auseinandersetze. Wir werden durch die Beziehung durch Gott bestärkt. Warum kämpft der Teufel so hart gegen uns? Er will nicht, dass wir Zeit mit Gott verbringen. Wir müssen das Wort Gottes studieren, damit wir sein Wort auch wirklich verinnerlichen können. Gott schlägt unsere Schlachten, wenn wir uns dazu entscheiden eine enge Beziehung mit ihm aufzubauen. Wir sollen eine Einheit mit ihm werden.

Gott will an jedem Detail unseres Lebens teilhaben. Er spricht zu uns. Wenn wir ihm vertrauen und an ihn glauben, können wir lernen seine Stimme, seine Führung und seine Zeichen wahrzunehmen.

Wir sollten Gott leidenschaftlich lieben, denn alles wird geistlich, wenn Gott daran beteiligt ist.

Schenkt überall wo ihr hingeht ein Wort der Ermutigung. Wir können ein Ziel haben.

Ich will nicht jeden Morgen ärgerlich aufstehen und in Selbstmitleid versinken. Ich will mein Licht leuchten sehen. Liebt Gott, liebt die Menschen und liebt euch selbst. Wir sollen stark werden im Herren. Wir brauchen die Waffenrüstung des Lichts, denn dann weiß der Teufel nicht, was er mit uns anstellen soll. Sollte uns jemand verletzt haben, dann verbringt Zeit mit Gott. Es ist nicht richtig mit Menschen darüber zu sprechen. Ihr müsst selbst euer bester Freund sein. Wir sollen beten und Gott darum bitten, andere Menschen zu behandeln, wie Gott es will.

Wir können überall zu Gott beten. Gott sagt: „ Siehe ich bin bei euch alle Tage bis ans Ende der Welt." Wir kämpfen und strampeln, und denken alles alleine schaffen zu müssen, dabei ist es doch so einfach – Gott um Hilfe zu bitten. Wir müssen Gott nicht nur suchen, wenn wir etwas haben möchten, sondern weil wir mit ihm verbunden sein wollen.

Um Gott tatsächlich nah zu sein, müssen wir über unserer Gedanken hinausgehen, das funktioniert am besten durch Meditation. Das geht am besten kurz vor dem Einschlafen. Versetzen Sie sich in den Alpha-Zustand, denn im Alpha-Zustand erzeugt das Gehirn Ströme im Frequenzbereich von etwa acht bis 12 Hertz. Der Mensch ist dabei geistig wach, befindet sich aber in einem Entspannungszustand, der von Ruhe und Harmonie geprägt ist. Dieser Zustand begünstigt Kreativität und Phantasie. Problemlösungen fallen hier leicht. Beide Gehirnhälften (links verstandsbetont, recht emotional) sind aktiv. In diesem Zustand können wir auch eins mit Gott sein. Hören Sie leise Meditationsmusik oder atmen Sie tief ein und aus und spüren Sie Ihrem Atem nach.

Mit Hilfe des Unterbewusstseins entsteht Neues. Ideen und Intuitionen sind völlig unabhängig vom Willen. Wir befinden uns in der geistigen Welt und sind Gott so nah.

Wir müssen Gott an die erste Stelle setzen, damit wir leben können.

Seht, ich habe euch die Vollmacht gegeben, auf Schlangen und Skorpione zu treten und die ganze Macht des Feindes zu überwinden. Nichts wird euch schaden können (Lukas Vers 10,19).

Wir haben mehr Macht als der Teufel, weil Gott auf unserer Seite ist. Wir müssen uns an unsere Kraftquelle anschließen, damit unser Licht leuchten kann. Nehmen Sie sich Zeit für Gott, Sie müssen eine Gottgewohnheit entwickeln.

Wenn ich Gott in meiner Zeitplanung an die erste Stelle setze funktioniert auch alles andere. Gott wird meine Schlachten schlagen.

Sucht Gott und ihr werdet empfangen. Wir sind Gottes Kinder und er will uns segnen.

Wir sind oft nur mit uns selbst beschäftigt und vergessen Gott und wundern uns dann, dass nichts klappt.

Ich gehe auch immer wieder durch die Hölle, wenn ich mich wieder nur auf die weltlichen Dinge einlasse und Gott vernachlässige, dabei könnte es doch so einfach sein – glücklich zu Leben. Wir wissen gar nicht, wie sehr wir Gott brauchen. Ich war oft verzweifelt und wusste gar nicht warum, erst als ich Gott in mein Leben ließ, wurde mir klar, warum das so war. Herr ich brauche nur dich. *Habe eine Lust am Herrn, so wird er dir geben, was dein Herz begehrt.*

Warum sind manche Menschen Gott näher als andere? Weil sie eine engere Beziehung zu ihm haben. Gott ist ihr Freund. Wir sind es, die das Maß unserer Vertrautheit bestimmen. Jeder Mensch ist Gott so nahe, wie er es selber sein will. Das gilt für jeden Menschen.

In meinem Leben gab es eine Zeit, in der ich überhaupt nicht wusste, dass es so etwas gibt. Das war eine Zeit voller Selbstzweifel und Selbstmittleid. Wir müssen Verantwortung für unser Leben und unserer Beziehung zu Gott haben. Viele sind so beschäftigt mit Dingen, von denen sie überhaupt nicht wissen, warum sie dies tun.

Oft habe ich mich gefragt, warum ich keinen Erfolg im Leben hatte: Gott wird uns nicht das gewünschte geben, wenn wir nicht reif dafür sind. Gott würde uns nie eine große Aufgabe geben, wenn wir schwach sind und uns immer wieder von den weltlichen Dingen verführen lassen. Gott will, dass wir wachsen.

Es gibt kaum Grenzen für die menschliche Leistungsfähigkeit. Wir müssen nur einen stärkeren Glauben entwickeln, dann können wir alles erreichen. Solange wir zweifeln oder in Angst erstarren, solange kann nichts gelingen.

Beginnen Sie jeden Tag mit einem Lächeln und Sie haben schon gewonnen!

Erfolgsgefühle stellen sich immer dann ein, wenn man etwas, was man begonnen hat, auch zu Ende bringt. Das muss auch keine große Sache sein, denn Erfolg hat viele Gesichter. Und Erfolg heißt auch, in der Lage zu sein, den Moment zu genießen!

Hochmut

Hochmut bringt irgendwann jeden zu Fall, daher sollten wir uns auf Gott besinnen und wieder demütig werden.

Viele Menschen glauben, nur weil sie über eine bessere Schulbildung oder über große Reichtümer verfügen, wären sie wichtiger und wertvoller. Fallen Sie nicht auf diesen dummen menschlichen Irrtum herein, denn das hat der Teufel ihnen eingeredet.

Wir Menschen sind selbst dabei unsere von Gott gegebene Welt zu vernichten. Manchmal muss man einen Schritt zurückgehen, um so auch erkennen zu können, wie viele Schritte man schon zu weit gegangen ist.

Gott hat uns die schöne Erde zum Geschenk gemacht, wir sollten endlich begreifen, dass wir damit behutsamer umgehen müssen, ehe es zu spät ist.

Konsum zerstört die Erde

Setzt sich der Trend fort, konsumiert der Mensch im Jahr 2030 zwei Planeten jährlich. Zu diesem Ergebnis kommt der WWF im aktuellen „Living Planet Report". Der Bericht gibt Auskunft über den Gesundheitszustand der Erde. Und der ist alarmierend. Eine Milliarde Menschen haben keinen ausreichenden Zugang zu Trinkwasser, die Artbestände in den Tropen sind seit 1970 um 60 Prozent geschrumpft und 70 Prozent aller Fischbestände sind von Überfischung bedroht. Das geht aus dem Bericht der Umweltstiftung WWF hervor, der in Berlin und weltweit vorgestellt wurde.

Der so genannte „Living Planet Report" gibt seit 1998 Auskunft über den Gesundheitszustand der Erde und greift dabei auf Vergleichsdaten bis 1970 zurück. Wohlstand muss neu definiert werden.
Quelle: n-tv.de

In der Bibel heißt es, dass Jesus wiederkommen wird. Vielleicht ist die Zeit jetzt reif für eine Wiederkehr.

Euer Herz erschrecke nicht! Glaubt an Gott und glaubt an mich! In meines Vaters Haus sind viele Wohnungen. Wenn es nicht so wäre, hätte ich dann zu euch gesagt: Ich gehe hin, euch die Stätte zu bereiten? Und wenn ich hingehe, euch die Stätte zu bereiten, will ich wieder kommen und euch zu mir nehmen, damit ihr seid, wo ich bin (Johannes 14, 1-3).

Gott will nicht, dass wir Menschen alles verstehen sollen. Alles in Gottes Welt hat eine gewisse Ordnung und nur Gott alleine weiß, wie diese Ordnung funktioniert. Wir sollen nicht immer nach dem Warum fragen. Nur Gottvertrauen bringt die richtige Erkenntnis in unsere Herzen – nur das ist die Wahrheit, nicht der Mensch und seine weltlichen Ansichten.

Die Dinge ändern sich nur, wenn wir verstehen lernen, wer der Allmächtige ist. Wenn wir begreifen, dass wir nichts sind im Vergleich zu Gott.

Er braucht nicht, um mit uns zu kommunizieren, das allerneuste Handy, denn er ist in uns und kennt jeden unserer Gedanken und weiß auch schon, welchen Fehler wir morgen wieder machen. Aber er ist uns gnädig, denn wir sind alle seine Kinder.

Ein weiser Mensch sucht nicht, was ihm fehlt, sondern genießt was er hat. Sei dankbar!

Allerdings sind wir auch dumm und lassen uns viel zu schnell auf das Spiel des Teufels ein. Er will uns immer wieder ärgern und greift uns an. Wir sollten uns nicht darauf einlassen, gegen den Teufel anzukämpfen, sondern mit ganzem Herzen Gott vertrauen und ihn um Hilfe bitten, denn Gott ist unser Schild gegen die Angriffe des Teufels.

Gott liebt jeden von uns – auch die Sünder. Wenn wir Gott anrufen und um Vergebung bitten, dann wird er uns vergeben.

Wir finden Gott in der Stille und nicht in der menschlichen Welt. Nicht im Lärm und nicht in der Hektik. Gott ist in der Natur. Er ist in den Bäumen, im Gras, im Wind, im Licht. Er ist in unserem Herzen. Er ist in uns.

Er ruft uns an, wir sollen zu ihm kommen. Nur der Glaube an Gott kann uns auf den richtigen Weg führen und uns die Erkenntnis bringen, um glücklich leben zu können. Verzweifeln Sie nicht, wenn es gerade in Ihrem Leben nicht richtig läuft. Hoffen Sie auf Gottesführung. Er lässt Sie nicht allein.

Wir sind für unser Denken selbst verantwortlich. Bieten Sie den schlechten Gedanken keinen Nährboden, sondern bitten Sie Gott um Reinigung.

Ich aber, Herr, ich vertraue dir, ich sage: „Du bist mein Gott" (Psalmen 31,15).

Glück ist die Frucht innerer Ruhe, und jeder neidvolle Gedanke ist Gift für die Seele.

Denken Sie daran, Ihr Unterbewusstsein führt nur aus, was Sie ihm zutragen. Sie müssen inneren Frieden anstreben, um Glück zu bekommen.

Daher sollten die ersten Minuten morgens Gott gehören. Angst und Sorgen lähmen uns nur und machen uns angreifbar. Manche Türen werden sich erst dann öffnen, wenn wir einen Schritt darauf zugehen.

Große Gedanken und ein reines Herz, das ist´s, was wir von Gott erbitten sollten.

Johann Wolfgang von Goethe

Wie ich zu Gott fand

Eines Morgens habe ich, gelangweilt und schlecht gelaunt, um 7.25 Uhr den Fernseher angeschaltet und bin beim Zappen auf eine Sendung von Joyce Meyer gestoßen. Joyce Meyer ist eine Bibellehrerin aus den USA. Eigentlich wollte ich sie schnell wegdrücken, aber irgendetwas fesselte mich an ihrem Vortrag. Es war ihre direkte und humorvolle Art, wie sie die alltäglichen Dinge, die uns alle betreffen, auf den Punkt brachte und auch ich fühlte mich angesprochen und begann, über das Gesagte nachzudenken. Mittlerweile verpasse ich keine Sendung mehr von ihr. Irgendwann erzählte Joyce, dass Gott mit ihr spricht, mal mit Worten, mal durch andere und mal mit Zeichen. Ich wollte das erst gar nicht glauben, war ich doch bis dahin eine überzeugte **Ungläubige** gewesen. Aber ich fing an zu beten, erst stumm und heimlich, dann immer mutiger und lauter. Ich bat um Vergebung meiner Sünden und bat Gott um Hilfe. Das erste Zeichen erhielt ich während einer längeren Autofahrt. Ich betete, er möge mir helfen, mich von meinen Sünden zu befreien und mich zu erhören. Irgendwann verabschiedete sich im Autoradio der Musiksender und ein kirchlicher Sender war zu hören, das Thema war die Vergebung der Sünden. Ich öffnete die Augen und sah direkt vor uns einen schwarzen Lieferwagen mit der Aufschrift *„Gott vergibt dir deine Sünden"*. Ich war erschüttert und zutiefst berührt zu gleich.

War das ein Zufall? Ich war verwirrt. Doch von da an hörte ich Gottes Stimme. Sie war in meinen Kopf. Anfangs dachte ich, ich rede mir das nur ein. Aber Gott gab mir Dinge auf, die ich tun sollte. So bat ich ihn darum, mir bei meinen Gewichtsproblemen zu helfen, jammerte ihm aber gleichzeitig auch vor, dass ich nicht weiß, wo ich die Zeit hernehmen soll, weil ich ja den ganzen Tag arbeiten muss. Gott trug mir auf, um 6.00 Uhr früh aufzustehen und vor der Arbeit mit meinem Hund gute 45 Minuten spazieren zu gehen und das Gleiche abends nochmals. Und an mindestens drei Tagen in der Woche eine halbe Stunde ein Fitnesstraining durchzuführen. Anfangs fiel mir das Aufstehen so früh am Morgen schwer und auch die Wanderung durch Felder und Wiesen, bergauf und bergab war für mich sehr anstrengend, heute ist es mir zur lieben Gewohnheit geworden.

Eines Nachts träumte ich von Engeln, ich konnte mir diesen Traum nicht erklären und sprach Gott während meines Spaziergangs darauf an. Er sagte zu mir, dass ich mich mit seinen Engeln beschäftigten solle. Ich war verwirrt und wusste nicht, ob ich mir das alles nur einbilden würde, da sprach die Stimme: Geh nachhause, Joyce wird heute in ihrer Konferenz über den Engel Seraphim sprechen.

Joyce Meyer sprach an diesem Morgen über den Engel Seraphim.

Im Todesjahr des Königs Usija sah ich den Herrn. Er saß auf einem hohen und erhabenen Thron. Der Saum seines Gewandes füllte den Tempel aus. Serafim standen über ihm. Jeder hatte sechs Flügel: Mit zwei Flügeln bedeckten sie ihr Gesicht, mit zwei bedeckten sie ihre Füße und mit zwei flogen sie. Sie riefen einander zu: Heilig, heilig, heilig ist der Herr der Heere. Von seiner Herrlichkeit ist die ganze Erde erfüllt. Die Türschwellen bebten bei ihrem lauten Ruf und der Tempel füllte sich mit Rauch. Da sagte ich: Weh mir, ich bin verloren.

Denn ich bin ein Mann mit unreinen Lippen und lebe mitten in einem Volk mit unreinen Lippen und meine Augen haben den König, den Herrn der Heere, gesehen.

Da flog einer der Serafim zu mir; er trug in seiner Hand eine glühende Kohle, die er mit einer Zange vom Altar genommen hatte. Er berührte damit meinen Mund und sagte: Das hier hat deine Lippen berührt: Deine Schuld ist getilgt, deine Sünde gesühnt (Jesaja 6,1-7).

Seraphim

Nach Jesaja besitzen die Seraphim sechs Flügel sowie ein Gesicht, Hände und Füße. In der Kunst wurden die Seraphim teilweise als sechsflügelige menschenähnliche Wesen dargestellt, teilweise auch als Wesen, die nur aus Flügeln bestehen, so etwa in der Kuppel der Hagia Sophia. *(Quelle Wikipedia)*

Ungeduld

Viel zu viele Jahre sind vergangen, in denen ich mich einfach treiben ließ. Klar, ich hatte Phasen, da war ich sehr motiviert und der festen Überzeugung, meinem großen Ziel ein ganzes Stück näher zu sein. Ich wünschte mir mehr Erfolg und natürlich mehr Geld. Leider bin ich immer wieder gescheitert, da ich viel zu ungeduldig war und einfach nicht an einer Sache dranbleiben konnte.

Geduld war nie meine Stärke. Gott aber will, dass wir geduldig sind. Er hat einen Plan für jeden von uns. Er wird uns seinen Plan offenbaren, wenn wir lernen, ihm zu vertrauen. Leider ist das in der heutigen Zeit nicht mehr selbstverständlich, weil es ja für viele so uncool ist, an Gott zu glauben. Ich bedaure es heute sehr, dass ich so lange gebraucht habe, um zu verstehen, dass Gott immer für mich da war und ist. Gott ist zeitlos. Es ist uncool, nicht an ihn zu glauben!

Wenn wir genau hinhören, wenn wir still sind, dann hören wir Gott. Auf meinen morgendlichen Spaziergängen durch die Natur rede ich mit Gott und er antwortet mir. Auch Sie können Gott hören, wenn Sie es nur wollen. Glauben Sie! Rufen Sie ihn an! Er wird antworten! Gott ist in Ihnen und Sie werden seine Stimme wahrnehmen und Sie werden verstehen. Als ich Gott das erste Mal wahrgenommen habe, war ich auch erst verwirrt und dachte, ich habe mir das alles nur eingebildet. Doch Gott hat mich eines Besseren belehrt. Er hat mir gezeigt, dass es ihn gibt.

Nur mit seiner Hilfe lässt sich etwas Großes erreichen.

Denn so du durch Wasser gehst, will ich bei dir sein, dass dich die Ströme nicht sollen ersäufen; und so du ins Feuer gehst, sollst du nicht brennen, und die Flamme soll dich nicht versengen (Jesaja 34, 2).

Gott spricht zu uns und fordert uns immer wieder auf das Richtige zu tun. Gott spricht auch durch unser Gewissen. Er will uns vor Problemen bewahren, anstatt uns ständig aus Problemen heraus retten zu müssen.

Ungeduld ist ein Verräter und hindert uns daran, unser Vorhaben erfolgreich abzuschließen.

Die Ungeduld verlangt das Unmögliche, nämlich die Erreichung des Ziels ohne die Mittel.

G.W.F. Hegel, Phänomenologie des Geistes

Um unser Ziel erreichen zu können, benötigen wir einen Plan, Zeit und viel Geduld. Wenn wir uns auf Gott einlassen, müssen wir viel Geduld mitbringen, denn Gott hat seinen eigenen Zeitplan.

Mit Ungeduld bestraft sich zehnfach Ungeduld; man will das Ziel heranziehen und entfernt es nur.

Johann Wolfgang von Goethe

Politik und Wirtschaft

Sind wir nicht alle auf der Suche nach dem Glück? Nur warum ist es so schwer, wirklich glücklich zu sein? Wir leben hier in Deutschland in einer Wohlstandsgesellschaft und könnten doch glücklich darüber sein, dass wir nicht in einem Land geboren wurden, in dem gehungert wird oder in dem gerade ein schrecklicher Krieg herrscht.

An dieser Stelle muss ich jetzt ein bisschen politisch werden, denn leider trägt eine auf Profit und Kapitalvermehrung programmierte Politik nicht unbedingt dazu bei, dass das Leben gerechter und sozialer wird – ganz im Gegenteil.

Rund 1,2 Milliarden Menschen hungern auf dieser Welt.

Ich weiß, jetzt werden Sie sagen: „Ach das wollte ich jetzt gar nicht hören." Aber was wollen Sie hören? **Armut** bezeichnet primär mangelnde Befriedigung von Grundbedürfnissen wie Kleidung, Nahrung, Wohnung, Gesundheit.
(Quelle Wikipedia)

Und auch bei uns im reichen Deutschland leben immer mehr Menschen in Armut.
Die Kluft zwischen Arm und Reich wird immer größer.
Vor allen Dingen trifft es immer mehr die älteren Menschen.

Bei 727 Euro im Monat liegt aktuell das Existenzminimum in Deutschland. Brutto. Wer mit weniger auskommen muss, hat Anspruch auf staatliche Unterstützung. Für über 65-Jährige ist das die Grundsicherung im Alter.
Knapp 465.000 Menschen waren das zuletzt, knapp 30.000 mehr als im Jahr davor, teilte das Statistische Bundesamt jetzt mit. Der Anteil der bedürftigen Ruheständler erhöhte sich damit binnen Jahresfrist von 2,5 auf 2,7 Prozent.

Etwa ein knappes Drittel dieser Betroffenen bekommt überhaupt keine Rente: Weil sie etwa als „Solo-Selbstständige" nie Beiträge zur Rentenversicherung gezahlt haben.

Jede zweite Rente in Deutschland liegt derzeit unter 700 Euro - also unter dem Niveau der Grundsicherung. Bei den Neurentnern sind es 54,9 Prozent.
Vor zehn Jahren galt dies aber für noch mehr, nämlich für 56,9 Prozent.
(Quelle: www.heute.de)

Der Kapitalismus ernährt sich von der Armut der Menschen.
Hier ein Beispiel: Wir hatten vor der Finanzkrise rund 790.000 Millionäre, jetzt sind es 830.000 Millionäre.

Mit christlich und sozial hat das wenig zu tun.

Es klafft ein krasses Missverhältnis zwischen dem Verbrennen von Milliardenbeträgen in der US-Finanzkrise und der Situation von Armen in der Welt.
Heidemarie Wieczorek-Zeul
Auch die ungerechte Steuerverteilung in unserem Land trifft nur wieder den kleinen Mann. Hier ist es wirklich an der Zeit, nicht von unten nach oben zu verteilen, sondern von oben nach unten. Es ist auch nicht hinzunehmen, dass die Verursacher der Finanzkrise noch daran verdienen.

In Hamburg hat sich ein Verein von Millionären gegründet, die würden sogar gerne Vermögensteuern zahlen, damit es ein wenig gerechter und sozialer im Lande zugeht. Damit zeigen sie sich weitsichtiger und klüger als die Mehrheit im Bundestag.
Quelle: Nachdenken über Deutschland, Gregor Gysi, wie weiter?

Timotheus 1. Brief:
„Den Reichen musst du unbedingt einschärfen, dass sie sich nichts auf ihren irdischen Besitz einbilden oder ihre Hoffnung auf etwas so Unsicheres wie den Reichtum setzen. Sage Ihnen, dass sie Gutes tun sollen und gerne von ihrem Reichtum abgeben, um anderen zu helfen. So werden sie wirklich reich sein und sich ein gutes Fundament für die Zukunft schaffen, um das wahre und ewige Leben zu gewinnen."
Er antwortete und sprach zu ihnen: „Wer zwei Röcke hat, der gebe dem, der keinen hat; und wer Speise hat, tue also auch"
(Lukas 3,11).

Einige politische Fehlentscheidungen können uns das Leben ganz schön vermiesen. Und die vielen Versprechungen, die vor den Wahlen gemacht und nach den Wahlen schnell wieder vergessen werden, sind schon sehr ärgerlich. So zum Beispiel, die Diskussion um die Mindestlöhne.
Viele Menschen gehen Vollzeit arbeiten, können aber von ihrem Lohn nicht leben. Sollte das nicht selbstverständlich sein?

In der Politik ist es manchmal wie in der Grammatik: Ein Fehler, den alle begehen, wird schließlich als Regel anerkannt.

Andre Malraux

Vor einiger Zeit sollte ich telefonisch für einen großen Stromanbieter die Zählerleerstände ermitteln. Bei dieser Tätigkeit wurde ich ganz unfreiwillig mit vielen Schicksalen konfrontiert.

Ein sehr nettes älteres Ehepaar (beide weit über 80 Jahre alt) erzählte mir, dass der Stromversorger, für den ich tätig war, ihnen schon vor Wochen den Strom abgedreht hatte, weil sie die Rechnungen nicht mehr bezahlen konnten.

Hallo! Strom gehört doch zu den **Grundbedürfnissen** unserer Zeit. Ohne Strom geht gar nichts mehr, keine Heizung, kein warmes Wasser, kein Herd, kein Kühlschrank, kein Elektrogerät.
Stellen Sie sich mal vor, Ihnen wird der Strom abgestellt – was wäre das für ein Albtraum!
Das Streben nach noch mehr Umsatz und Profit macht die Menschen ganz schön gefühlskalt und selbstsüchtig.

Die Empörung im Bundestag wäre sicherlich sehr riesig, wenn man da mal für ein paar Tage den Strom abstellen würde. Aber solange man selbst nicht betroffen ist, braucht man sich mit solchen Tragödien auch nicht auseinanderzusetzen.

Hat unserer Bundeskanzlerin vielleicht schon vergessen, dass sie eine Pastorentochter ist?

Siehe, ihr seid aus nichts, und euer Tun ist auch aus nichts; und euch wählen ist ein Greuel (Jesaja,41,24).
Für die Gesellschaft und für die Politik sind wir längst nicht alle gleich – nur vor Gott, da sind wir alle gleich.

Gott möchte zwar, dass wir friedfertig sind, aber er möchte sicherlich nicht, dass wir alle Ungerechtigkeiten einfach so hinnehmen - schon gar nicht aus Bequemlichkeit. „Mir geht es doch gut, warum soll ich mich dann aufregen oder mich einmischen?"

Es ist schon wichtig, dass wir uns unsere eigenen Gedanken machen und uns nicht von den Gedanken der weltlichen Welt mitziehen lassen.

Natürlich muss die Wirtschaft funktionieren, damit es uns gut gehen kann, aber sie sollte schon gerecht sein und nicht nur einigen wenigen Vorteile bieten und denen, die schon wenig haben, das Wenige auch noch wegnehmen.

Auch mit kleinen Dingen kann man die Welt ein Stückchen verändern. Eine nette Geste, eine kleine Gefälligkeit oder ein liebes Wort zur rechten Zeit macht nicht nur einen anderen Menschen glücklich, sondern auch uns selbst. Oder spenden Sie. Es gibt viele soziale Projekte, die es wert sind, unterstützt zu werden.

Eine Spende sollte allerdings von Herzen kommen und nicht dazu, vor anderen gut dazu stehen. Ein gütiges Herz braucht kein Publikum.

Weigere dich nicht, dem Dürftigen Gutes zu tun, so deine Hand von Gott hat, solches zu tun (Sprüche 3,27).

Warum lässt Gott das zu?

Gott ist nicht der Verursacher. Wir Menschen sind selbst die Verursacher für all unsere Probleme, da wir verführbar sind und uns viel zu schnell vom rechten Weg abbringen lassen.

Geld regiert die Welt und dieser Gedanke macht auch nicht vor Staatsmännern halt – ganz im Gegenteil. Es ist ja richtig, dass die Wirtschaft angekurbelt werden muss, damit das Geld auch fließen kann, aber doch nicht um jeden Preis.

Die größten Waffenlieferanten der Welt sind die Vereinigten Staaten von Amerika, gefolgt von Russland, Deutschland, Frankreich, Großbritannien, Spanien und China. All diese Länder besitzen hoch entwickelte Rüstungsbetriebe und stehen im gegenseitigen Konkurrenzkampf bei der Entwicklung neuer und wirkungsvollerer Waffensysteme.
Quelle Wikipedia

Deutschland steht mit seiner modernen Kriegstechnik ganz vorn. Wer aber die modernsten Waffen besitzt, wird am häufigsten zum Krieg eingeladen. Und immer wieder geht es uns Menschen nur um die Rohstoffvorkommen dieser Welt.

Das Geld zieht nur den Eigennutz an und verführt stets unwiderstehlich zum Missbrauch.

Albert Einstein

Jede Kanone, die gebaut wird, jedes Kriegsschiff, das vom Stapel gelassen wird, jede abgefeuerte Rakete bedeutet letztlich einen Diebstahl an denen, die hungern und nichts zu essen bekommen, denen, die frieren und keine Kleidung haben. Eine Welt unter Waffen verpulvert nicht nur Geld allein. Sie verpulvert auch den Schweiß ihrer Arbeiter, den Geist ihrer Wissenschaftler und die Hoffnung ihrer Kinder.

Dwight D. Eisenhower

Gott will nicht, dass wir uns von der weltlichen Welt verführen lassen, denn diese Verführungen machen uns nicht glücklich. Wir Menschen denken aber, dass wir viel haben müssen, um glücklich zu sein. Nur, das ist ein Trugschluss; wenn wir uns auf die weltlichen Verführungen einlassen, dann werden wir niemals zufrieden sein, dann wollen wir immer mehr und mehr und werden gierig und maßlos. Schauen Sie sich doch einmal die Reichen dieser Welt an; sie leben im Überfluss und geben ihr Geld oft für völlig unsinnige Dinge aus. Sie haben nicht nur ein Auto, sondern einen ganzen Fuhrpark und nicht nur eine Villa, sondern gleich eine oder zwei oder drei … und doch sind viele von ihnen eigentlich auch nicht so richtig glücklich. Es gibt sogar Millionäre, die sind depressiv, weil sie sich alles leisten können und sich daher nur noch langweilen. Und dann kommt noch hinzu, dass die meisten Reichen unter einem ganz schönen Zeigezwang leiden. Alle Welt soll sehen, was sie haben, aber damit stoßen sie natürlich wieder auf Neid und Ablehnung – auch ein typisch menschliches Verhalten. Ach, die Welt ist doch ungerecht!

Die Welt hat genug für jedermanns Bedürfnisse, aber nicht für jedermanns Gier.

Mahatma Gandhi

Damit Sie mich nicht falsch verstehen: Geld ist nicht unbedingt schlecht. Gott will nicht, dass wir in Armut leben. Er will, dass es uns gut geht und dass wir auch in Wohlstand leben können. Gott möchte aber auch, dass wir in seinem Namen zu Gebern werden, denn nur der, der gerne gibt, wird auch empfangen.

Ich bin der Weinstock; ihr seid die Reben. Wer in mir bleibt und ich in ihm, der bringt viel Frucht; denn ohne mich könnt ihr nichts tun (Johannes 15,5).

Gebet: Schaffe in mir Gott, ein reines Herz, und gib mir einen neuen, beständigen Geist. Verwirf mich nicht von deinem Angesicht, und nimm deinen heiligen Geist nicht von mir. Erfreue mich wieder mit deiner Hilfe, und mit einem willigen Geist rüste mich aus (Psalm 51,12-14).

Vielleicht werden Sie gerade von finanziellen Problemen geplagt. Vielleicht will gerade gar nichts so richtig klappen und Sie würden am liebsten den Kopf in den Sand stecken und aufgeben. Gott will nicht, dass wir aufgeben, denn er sorgt für uns – vertrauen sie ihm!

Auch hier gilt es, das Unterbewusstsein positiv zu beeinflussen. Denken Sie sich wohlhabend und Sie werden wohlhaben sein und nie wieder Mangel leiden. Sie müssen nur die richtige Einstellung zum Geld haben. Wenn Sie ständig sagen: „ Das kann ich mir nicht leisten!", dann setzt Ihr Unterbewusstsein alles daran, dass es auch so ist. Fürchten Sie sich nicht arm zu sein, sondern freuen Sie sich reich zu werden.
Vermeiden Sie unbedingt innere Widersprüche.

Der Glaube versetzt Berge. Bleiben Sie standhaft bei der Aussage wohlhabend zu sein, nur so kann sich Ihre eigene Prophezeiung erfüllen.

Ihr Leben ist im Gleichgewicht, wenn Glück, Zufriedenheit und Wohlstand einhergehen. Denken Sie sich reich und Sie werden reich.
Glauben Sie daran, dass sich alles zum Guten wenden wird. Sagen Sie sich immer wieder: „ Heute ist ein guter Tag und mir wird nur Gutes widerfahren!" Oder „Das ist das beste Jahr meines Lebens und Wohlstand kommt in mein Leben, denn Gott ist mir gnädig und sorgt für mich!" Sie werden erleben, dass sich alles wieder zum Positiven wenden wird, denn Gott hat immer eine Lösung parat.

Es lebt in jeder gesunden Seele
Ein unsterblicher Mut
Und eine prophetische Ahnung,
die unter keinen Umständen
kapitulieren darf.

Walter Whitman

Der Herr ist nahe allen, die ihn anrufen; allen, die ihn ernstlich anrufen (Psalm 145,18).

Ich war auch schon so oft in meinem Leben an einem Punkt angelangt, an dem ich gedacht habe, es geht nicht mehr weiter. Aber ich lebe noch! Gott ist eingeschritten; manchmal wohl erst im allerletzten Augenblick, aber er hat mich nicht allein gelassen. Gott macht das Unmögliche möglich!

Darum sage ich euch: Alles, was ihr bittet in eurem Gebet, glaubet nur, dass ihr´s empfangen werdet, so wird`s euch werden. Markus 11, 24

Trauen Sie sich, Gott um etwas zu bitten, Gott wird Sie erhören und Ihnen zur rechten Zeit helfen. Nur wer bittet, wird auch erhört werden.

Der Mensch ist das, woran er glaubt.

Anton Tschechow

Ich habe ja schon erwähnt, dass es in meinem Leben oft finanziell drunter und drüber ging, aber dann, wenn ich schon nicht mehr damit gerechnet hatte oder nicht wusste, wie ich die nächste Rechnung bezahlen sollte, schickte Gott mir eine Lösung, obwohl ich ja eigentlich nicht gläubig war.

Josef Murphy (Die Macht Ihres Unterbewusstseins) nannte das Phänomen unsichtbare Einnahmequellen. Ich nenne das heute: „Gottes Güte und Gnade!"

Bitten Sie Gott um Hilfe und er wird Sie erhören. Gott hat seinen eigenen Sohn geschickt, damit uns unsere Sünden vergeben werden.

Wir sollen Gott vertrauen und nur Gott und im Geist leben und nicht in der Welt, dann werden wir ein, von Gott erfülltes Leben haben.

Gott möchte nicht, dass es uns schlecht geht, er möchte nicht, dass wir in Armut leben, sondern dass wir uns an jedem neuen Tag erfreuen und an dem erfreuen können, was wir bereits besitzen. Gott wird aber nicht hingehen und uns ein größeres Haus schenken, wenn wir das alte nicht sauber halten können und er wird uns auch nicht mehr Geld schenken, wenn wir nicht gelernt haben, damit weise umzugehen. Wenn jemand, das trifft auch auf mich zu, zu Geld kommt und es dann mit vollen Händen ausgibt, ohne über die Konsequenzen nachzudenken, das evtl. erst einmal Rechnungen beglichen werden müssen – der wird am Ende genauso mit leeren Händen dastehen oder vielleicht noch mehr Schulden haben als vorher.

Wir Menschen sind maßlos geworden. Die Welt, in der wir leben, ist maßlos. Immer mehr Staaten verschulden sich bis zum Bankrott. Da sind doch Experten am Werk, die müssten es doch besser wissen. Die haben doch studiert und gehören zur sogenannten Elite.

Warum, Gott, warum? Die Menschen sind verblendet und fallen dummerweise immer wieder auf die Machenschaften des Teufels herein. Ein Mensch, der Gott nicht in sein Leben lässt, lässt sich blenden und ist verführbar. Da hilft auch keine gute Schulbildung. Was passiert, wenn Staaten einen Bankrott erklären? Der Neid wird größer und Kriege werden angezettelt.

Das kann nicht Gottes Wille sein.

Streit wird oft durch Neid ausgelöst. Wer immer mehr haben will, stiftet Streit. Unzufriedene Menschen stiften immer Unruhe. Wenn diese Unzufriedenheit in uns ist – können wir anderen schaden. Seid nicht neidisch auf das was der andere hat, wenn ihr nicht bereit seit, dass zu tun, was der andere macht.

Die Gottlosen sind neidisch auf die Beute der anderen, die Gottesfürchtigen aber bringen ihre eigene Frucht hervor (Sprüche 12,12).

Eine Neidgeschichte „Amadeus"

Wien im Winter 1823. Wir hören einen alten Mann voller Verzweiflung um Gnade für seine Untaten betteln. Wenig später sehen wir, wie dieser Mann versucht sich das Leben zu nehmen. Es ist Antonio Salieri, der der größte Neider und Widersacher des Musikgenies Wolfgang Amadeus Mozart war. Salieri gibt sich die Schuld an Mozarts frühem Tod. Nach seinem missglückten Selbstmordversuch wird Salieri in eine Irrenanstalt gebracht und beichtet dort seine Sünden.
Dieser Salieri war ein begnadeter Musiker und wurde in Wien sehr berühmt. Er war Hofkomponist von Kaiser Joseph II.
Und dann? Dann kam Mozart. Mit seinen 26 Lenzen stellt er alles in den Schatten, was Salieri sich jemals erträumt hatte. Nämlich Musik zu schreiben, dass sogar Gott davon berührt werden würde. Salieri gerät gegenüber Mozart in den Würgegriff einer Schlange, die den Namen „Neid" trägt.
Er erschleicht sich Mozarts Freundschaft umso hinter das Geheimnis von dessen Erfolg zu kommen.

Salieri kann es nicht verstehen, das Gott so viel Talent an einem pubertierenden und jungen Mann verschwendet hat. Er beschließt von nun an alles in seiner Macht stehende zu tun, um dieses Genie Mozart zu ruinieren, was ihm durch seine fiesen und hinterhältigen Intrigen auch gelingt. Schnell ist Mozart arm wie eine Kirchenmaus, von Eltern und Ehefrau verlassen und von der Gesellschaft geächtet. Sogar der kaiserliche Hof will von Mozart nichts mehr wissen. Salieri sieht jetzt erst was er angerichtet hat und versucht Mozart noch zu retten. Aber es ist zu spät. Mozart stirbt und Salieri wird den Rest seines Lebens mit dieser Tat weiterleben müssen.

Konsumverhalten

Das Leben wird immer teurer und für viele nicht mehr bezahlbar. Aber wir haben doch so viele Wünsche: „Hätte ich doch nur mehr Geld. Hätte ich doch nur einen besser bezahlten Job. Hätte ich doch nur … ja, dann wäre ich glücklich!" Wären wir dann wirklich glücklicher? Sicherlich nicht.

Wer nicht zufrieden ist mit dem, was er hat, der wäre auch nicht zufrieden mit dem, was er haben möchte.

Berthold Auerbach

Das Phänomen unserer Zeit ist, dass wir Menschen immer unzufriedener werden, obwohl wir doch in einer Wohlstandsgesellschaft leben. Wir werden habgierig, aber Habgier führt unweigerlich zu Streit. Wer nie zufrieden ist, kann auch nicht glücklich werden. Wir denken verkehrt, wenn wir glauben wir würden glücklich sein, wenn … Nur Gottvertrauen führt zu Wohlstand. Oft wünschen wir uns viele Früchte, haben aber keine Wurzeln und werden beim ersten Sturm gleich weggeblasen. Aber wir brauchen starke Wurzeln, damit sich unser Potential in Ruhe entwickeln und entfalten kann. Das Glück kann man nicht kaufen. Glücklich sein ist ein Zustand, ein Gefühl in unserem Inneren. Dieses Gefühl breitet sich aus, wenn wir etwas Schönes erleben, wie zu Beispiel eine neue Liebe oder einen wunderschönen Augenblick. Und dieses Gefühl breitet sich aus, wenn wir Zeit mit Gott verbringen.

Nicht wer wenig hat, sondern wer viel wünscht, ist arm.

Lucius Annaeus Seneca

Ab und zu schaue ich mir die Sendung Shopping Queen an. Hier wird auch ein Blick in das Privatleben und in die Kleiderschränke der Kandidatinnen gewährt.

Mich erstaunt immer wieder, wie viel Geld die Damen für Kleidung, Schuhe und Accessoires ausgegeben und wie viel Wert auf Marke und Design gelegt wird.

Doch oft handelt es sich bei den Teilnehmerinnen der Show um ganz normale Durchschnittsverdienerinnen, aber die Kleider- und Schuhschränke platzen bald aus allen Nähten.

Ich bin mir ziemlich sicher, dass die meisten Schuhträume nur durch die Kreditkarte realisierbar sind und es scheint so, dass Shoppen und Geldausgeben für viele Teilnehmer das einzige Hobby ist.

Die Medien, die Werbung, die Mode und die Gesellschaft schreiben uns vor, wie wir auszusehen haben. Aber was ist, wenn wir hier durchfallen? Wer liebt uns dann eigentlich noch?

Jeder Mensch möchte doch geliebt werden. Jeder Mensch möchte um seiner Willen geliebt werden, das ist aber eigentlich schon fast unmöglich, denn Karl Lagerfeld und Co. geben uns vor wer wie und wann und warum überhaupt geliebt werden soll. Wer oder was schön ist, wer liebenswert ist, und was gerade angesagt ist.

In einer Welt voller Egozentriker und Selbstgekrönter hat es ein Normalo schon schwer.

Aus seiner Nase geht Rauch, wie von heißen Töpfen und Kesseln (Hiob 41,12).

Der Teufel liebt hochnäsige und eitle Menschen, denn mit Ihnen hat er leichtes Spiel und kann sie ins Verderben locken.

Männlein oder Weiblein, wer weiß das schon genau? Die Geschlechter vermischen sich, auch das ist heute absolut modern und schick. Nur wer *besonders* ist oder zumindest so scheint, der kann auch überzeugen.

Unsere Kinder lernen das schon ganz früh in der Schule. Wer hier nicht mithalten kann, der wird gemobbt. Wer hier nicht mitmachen möchte, der wird als Sonderling abgestempelt und gemieden. Jedermann trägt heute Prada, Gucci und Co. Auch wenn man es sich eigentlich überhaupt nicht leisten kann. Für dieses Problem gibt es ja die Kreditkarte und die ist Goldwert.

14 Prozent der von Schuldnerberatungsstellen im Jahr 2012 beratenen Personen waren allein erziehende Frauen. Ihr Anteil war damit mehr als doppelt so hoch wie ihr Anteil an der Gesamtbevölkerung. Im Jahr 2012 wurden von den Amtsgerichten insgesamt 97608 beantragte Verbraucherinsolvenzverfahren gemeldet. Tendenz steigend.
Quelle Internet www:destatis.de (Statistisches Bundesamt) Aufgerufen am 20.01.2014 14.00 Uhr

Gott will, dass wir unseren Herzenswünschen nicht nachjagen. Er will, dass wir ihm nachjagen. Gott tut immer etwas. Gott ist jetzt schon am Werk.

Wer lernt Gott zu vertrauen, kann so viel Frieden haben.

Verkehrte Welt

Jeder jagt dem Erfolg hinterher. Unsere Kinder müssen, sollen, dürfen erfolgreich werden. Abitur um jeden Preis, damit man auch im Leben mithalten kann. Studieren; ist doch egal, was, wichtig ist nur, dass am Ende die Kasse klingelt. Leistungsdruck ist das Motto unserer Zeit. Power und Motivation, Ehrgeiz, Selbstdisziplin und Erfolg nur diese führen zu Macht, Ruhm und Geld.

Man muss sich schon jeden Tag durch dieses Leben kämpfen, sonst bleibt man auf der Strecke.

Ganz wichtig ist es heute, dass man zur Elite gehört. Elite kommt von dem lateinischen Wort eligere - auswählen. Die Elite ist eine Gruppe von Ausgewählten. Man versteht darunter eine Gruppe von Personen, die auf einem Gebiet oder auch insgesamt über besondere Fähigkeiten verfügen.

Gott ist es ganz egal, wo wir herkommen, wer wir sind und was wir sind. Vor Gott sind wir alle gleich. Ihm ist egal, wer wir sind, was wir sind und wo wir herkommen. Ihm ist nur wichtig, wo wir hingehen.

In der Bibel finden wir immer wieder die Bestätigung dafür, dass Gott für seine Zwecke immer wieder Menschen genutzt hat, die heutzutage sicherlich nicht zur Elite gehören würden – ganz das Gegenteil wäre der Fall. Oft waren es Sünder oder Menschen, die in irgendeiner Weise anders beschädigt waren. Zum besseren Verständnis: Gott möchte, dass wir seine Gefäße sind, denn er möchte uns mit seinen geistlichen Inhalten füllen. Aber er sucht sich gerne beschädigte Gefäße aus, damit er uns reinigen und erneuern kann.

Durch ein beschädigtes Gefäß erstrahlt sein Licht umso heller.

Immer höher hinauf

So viele Jugendliche würden gerne Superstar sein. Einmal im Rampenlicht stehen und bewundert werden. Unsere Welt ist heute voll von Supertalenten, die singen, tanzen, turnen und sich verbiegen können. Das Internet macht fast alles möglich. Ich habe es selbst erlebt, denn mein 16-jähriger Sohn hat sich in wenigen Monaten das Gitarre - und Keyboard-spielen beigebracht. Das ist natürlich erst einmal nicht schlecht und ich bin auch mächtig stolz auf ihn, aber deshalb kann nicht jeder nur Superstar sein.

Die wirklichen Stars in der Musikbranche, die langfristig dabei sind, haben sich ihren Ruhm schwer erarbeiten müssen und vor allem gelernt, dass man nie aufgeben darf - sie mussten viel Geduld haben. Wie soll ein Jugendlicher lernen, nie aufzugeben, wenn doch alles so einfach scheint? Es gibt heute nichts mehr, was es nicht gibt. Noch gefährlicher, noch halsbrecherischer oder darf es noch etwas ekeliger sein? Egal. Hauptsache, die Quote stimmt.

Wie geht es Ihnen dabei? Ich bin eigentlich schon satt. Mich ermüden diese Höchstleistungen schon wieder. Der Mensch wird zum Objekt, zum Massenprodukt, zum Quotenreißer. Es wird gejubelt oder gepfiffen. Daumen rauf oder runter. Es wird gebuzzert und gebuht.

Nie waren wir Menschen so öffentlich, und nie waren wir Menschen der menschlichen Welt so ausgeliefert wie heutzutage.

Der Teufel weiß genau, wie er uns angreifen kann. Und noch nie waren so viele Menschen einsam, abgestellt, ausrangiert, verlassen, erniedrigt und verzweifelt.

Wir leben in einem Zeitalter der Depressionen. Immer mehr Menschen fühlen sich gestresst und ausgebrannt: Burn-out. Und viel zu viele Menschen, oft auch junge, sind des Lebens müde geworden. Wo soll uns das noch hinführen?

Es gibt nur eine Antwort – wir müssen Gott in unser Leben lassen. Denn nur er wird uns aus der Verwirrung befreien und uns neuen Lebensmut schenken.

Bekennen Sie sich dazu Christ zu sein. An Gott zu glauben, ist nicht unmodern – Gott ist zeitlos. Je mehr wir in Gott wachsen, umso einfacher und zufriedener wird unser Leben sein. Er ist die Antwort auf alle Dinge.

Ein depressiver Mensch hat das Vertrauen zur weltlichen Welt verloren und fühlt sich allein gelassen. Ein Mensch, der an Gott glaubt, ist nie allein! Wir sind nach Gottes Ebenbild erschaffen worden. Gott möchte, dass wir so sind, wie er ist. Das aber werden wir nur sein können, wenn wir seinem Wort wieder folgen und die Bibel lesen und verstehen.

Jeder Vers, jeder Psalm will uns näher zu Gottes Plan führen. Wir sollen im Geiste Gottes leben und nicht in der Welt.

Der wichtigste Schlüssel zum Glück ist „Glauben!"

Wenn das Leben auch noch so grau erscheint, Gott hat für jeden von uns einen guten Plan. Wir brauchen nicht depressiv und voller zu Angst sein, denn Gott ist immer bei uns. Er lässt uns nicht allein. Seine göttliche Ordnung stellt alles wieder her. Ich weiß es, denn ich war auch schwer depressiv und Gott hat mich aus der Finsternis geführt.

Die Bibel ist mein Wegweiser zu Gott und zum Leben. In den Versen der Bibel steckt so viel Kraft.

Werdet stark durch die Verbindung mit dem Herren!
Lasst euch stärken von seiner Kraft (Epheser 6,10).

Für Gott ist kein Mensch mehr wert als der andere. Es gibt kein Schlauer, Hübscher, Größer – nur ein Gleich. Vor Gott sind alle Menschen gleich.

Gott fordert uns oft auf, über die Meditation mit ihm Kontakt aufzunehmen. Das ständige Wiederholen von Versen ist eine Meditation. Arbeit ist Meditation. Meine Ex - Schwiegermutter, die ja sehr religiös war, ging immer, wenn sie sich über etwas geärgert hatte, in den Keller, um zu bügeln.

Der Herr ist nahe allen, die ihn anrufen, die ihn ernstlich anrufen (Psalm 145,18).

Eine kleine Geschichte:

Nach dem Gottesdienst sprach eine Frau den Pastor an: „Herr Pastor, haben Sie kurz Zeit für mich? Ich fühle mich heute so depressiv." Der Pastor schüttelte den Kopf: „ Leider nicht, da ich noch einiges für den Basar heute am Nachmittag zu erledigen habe. Gehen Sie doch nach Hause und backen Sie Kekse für unseren Basar, sicherlich findet sich während des Basars Zeit und wir können über Ihre Probleme reden!" Als der Nachmittag gekommen war, ging der Pastor zu der Frau, die hinter dem Tisch stand und ihre Kekse verkaufte. Er fragte sie nach ihrem Befinden, und dass er jetzt für sie Zeit hätte. „Ach, Herr Pastor, ich weiß auch nicht, aber jetzt geht es mir wieder gut!"

Die glitzernde Scheinwelt

Irgendwas stimmt nicht mehr in dieser glitzernden Scheinwelt, in der sich Fernsehmoderatoren Gottes viel zu große Schuhe anziehen, um uns Menschen zu unterhalten.

Heute Morgen in der Früh, es war noch dunkel, ging ich mit meinem kleinen Hund spazieren. Es hatte in der Nacht gefroren und die ersten Schneeflocken waren gefallen. Alles um mich herum glitzerte und strahlte im Mondlicht. Ich verspürte ein tiefes Gefühl von Demut und Glück. Gott lässt uns immer wieder staunen.

Ein wichtiger Schlüssel zum Glück ist Demut.

Wir müssen nur mit offenen Augen durch die Welt gehen - wie wunderschön und erhaben ist doch Gottes Natur.

Die hohen Berge, die Täler, der weiße Schnee, der Himmel und die weiten Meere, Seen und Flüsse, die Wälder, Wiesen und Felder und die vielen unterschiedlichen Farben.

Gott bietet uns immer wieder ein prachtvolles Schauspiel. Seine Welt ist ein Fest für die Sinne und sollte uns demütig werden lassen. Er hat uns das alles ohne Hintergedanken geschenkt. Gottes Güte und Gnade sind überall im Hier und Jetzt.

Welch großes Glück habe ich doch, diese wunderbaren Eindrücke erleben zu dürfen.

Sind es nicht solche Momente, die uns Glück erfahren lassen?

Herr, wie sind deine Werke so groß und viel! Du hast sie alle weise geordnet, und die Erde ist voll deiner Güter (Psalm 104,24).

Verkehrte Gedanken

Manchmal wache ich morgens schon mit schlechten Gedanken auf. Wenn ich Gott dann nicht um Hilfe bitte, hält diese miese Stimmung den ganzen Tag an und der Erstbeste, der mir über den Weg läuft, bekommt meine schlechte Laune zu spüren. Es kann nicht jeder Tag gleich dem anderen Tag sein, wie auch nicht jeden Tag die Sonne scheinen kann. Gerade dann, wenn es draußen ungemütlich und kalt ist, sinkt unserer Stimmung oft auf den Nullpunkt und wir würden am liebsten im Bett liegen bleiben. Wenn es Ihnen auch so geht, dann lassen Sie den Kopf nicht hängen, es kommen auch wieder bessere Tage. Also Kopf hoch und weiter geht's! Nutzen Sie diese trüben Tage doch einfach mal, um auszuspannen und lesen Sie das Buch, das schon so lange unbeachtet im Regal steht. Man kann jede Zeit genießen, man muss es sich nur einfach vornehmen.

Unzählige Ratgeber wurden bereits über positives Denken geschrieben und alle bestätigen eigentlich nur, was in der Bibel steht und was Jesus verkündet hat. Selbst die Psychologie, die ja den Anspruch erhebt, die Seele des Menschen wissenschaftlich erklären zu können, bedient sich in vieler Hinsicht der Bibel. Mit der Kraft der Bibel kann ich mich selbst heilen. Gott ist nicht wissenschaftlich zu erklären und trotzdem ist er die Antwort auf alle Dinge. Mit schlechten und trübsinnigen Gedanken schaden wir uns nur selbst.

Wir leben heute in einer modernen und hektischen Welt. Alles um uns herum erneuert sich wahnsinnig schnell und der Fortschritt überrollt uns förmlich. Wir können rund um die Welt telefonieren. Das Handy ist vom Ohr nicht mehr wegzudenken und bei vielen scheint es schon angewachsen zu sein.

Die Menschen kommunizieren im Internet und haben tausend Freunde auf Facebook oder Twitter. Man kann sie alle, mit nur einem Klick zur Party einladen - sie kommen gerne, um dein Haus zu verwüsten.

Die moderne Zeit macht uns Menschen zu Alleinunterhaltern und wenn wir uns wirklich mal auf Beziehungen einlassen, dann bleiben diese allzu oft sehr oberflächlich. Immer mehr Menschen fühlen sich einsam und verlassen und spüren die Liebe nicht mehr.

Jesus aber trägt Liebe in die Welt. Er möchte in uns wohnen. Er ist zu allen Menschen freundlich, gütig und mitfühlend. Er ist Gottes Sohn und hat sich für uns geopfert, um uns Menschen zu zeigen, wie sehr er uns liebt. Jesus Christus ist für uns am Kreuz gestorben, damit wir von unseren Sünden befreit sind. Wenn wir Jesus in unser Herz lassen und seinem Wort folgen und wenn wir Gott vertrauen und an unserem Glauben festhalten, dann sind wir nicht allein, dann sind wir erfüllt von seiner Liebe. Gottes Liebe ist bedingungslos.

Meine Geschichte

In meinem Leben gab es viele Katastrophen. Es gab aber auch eine Zeit, in der es mir finanziell richtig gut ging. Mit 21 heiratete ich das erste Mal. Mein damaliger Mann war sehr ehrgeizig. Er war ein so genannter Karrieretyp und verdiente gut. Hinzu kam, dass seine Eltern uns, bei allen Vorhaben, finanziell sehr unterstützten. Wir konnten uns nicht alles leisten, aber wir lebten schon sehr gut und trotzdem war ich nicht glücklich. Ich fühlte mich von meinem Ehemann nicht verstanden und respektiert.
Er flirtete in meinem Beisein oft völlig ungeniert mit anderen Frauen. Manchmal ging er sogar so weit, dass er sich mit ihnen verabredete und es schien ihm egal zu sein, wie ich mich dabei fühlte. Als ich mit 27 Jahren schwanger wurde, hoffte ich darauf, dass unsere Beziehung sich verbessern würde, aber das war ein Trugschluss. Ich erwartete natürlich von ihm, dass er mich jetzt fürsorglich behandeln würde. Kurz vor dem Geburtstermin machte er auf einer Party Witze über meine angeschwollenen Beine.
Als der Termin dann endlich da war und ich ihn nachts weckte, da die Wehen in kurzen regelmäßigen Abständen kamen und unerträglich wurden, musste ich ihn regelrecht anflehen, mit mir endlich ins Krankenhaus zu fahren. Zur Erklärung: Wir waren vormittags schon mal da, aber die Hebamme schickte mich wieder nachhause und nun glaubte mein Mann nicht, dass es schon so weit war.
Endlich wieder im Krankenhaus angekommen, bekam mein Mann von der Hebamme gleich einen gehörigen Anschiss, denn mittlerweile war es höchste Eisenbahn.

Nach der Geburt ließ mein Mann sich natürlich gebührend feiern. Er war jetzt Vater eines Sohnes und auch ich bekam jede Menge Aufmerksamkeit von den Eltern und der Verwandtschaft und genoss diese Zeit im Krankenhaus.
Am Tag meiner Entlassung teilte er mir telefonisch mit, dass er uns nicht abholen könnte, also fuhr ich enttäuscht mit dem Taxi nach Hause. Es war Ende Oktober und er hatte die Heizung im Haus ausgestellt. Es war eisig kalt. Ich glaube, ich habe mich noch nie so verlassen und einsam gefühlt wie an diesem Tag.

Liebe ist nicht das was man erwartet zu bekommen, sondern das was man bereit ist zu geben.

Katharine Hepburn

Unser kleiner Sohn war sehr anstrengend. Er schlief nachts wenig und schrie sehr viel. Später sollte sich herausstellen, dass er ADHS hatte. Ich hätte ihn gerne zur Beruhigung mit ins Schlafzimmer genommen, aber mein Ehemann erlaubte das nicht und so verbrachte ich viele Nächte mit dem schreienden Kind im Wohnzimmer auf dem Sofa.
Mit der Situation war ich völlig überfordert. Tagsüber lähmte mich eine bleierne Müdigkeit und ich schaffte meinen Haushalt nicht. Damit lieferte ich meinem Mann wieder Zündstoff, sich über meine Schlampigkeit aufzuregen. Er war der Meinung, dass ich nicht in der Lage war, unseren Sohn richtig zu erziehen. Sein Fazit war: Ich war schuld.
Fast unerträglich für mich war, dass mein Mann überhaupt keine Rücksicht auf mich nahm, sondern auf seiner sexuellen Befriedigung bestand. Wenn ich es end-

lich geschafft hatte, das Kind zu beruhigen, dann ließ er mich nicht schlafen. Ein „Nein" akzeptierte er nicht und wenn doch, wurde er jähzornig und beschimpfte mich oft stundenlang, bis ich schließlich nachgab, um endlich Ruhe zu haben. Einmal trat er mir so heftig in den Rücken, dass ich aus dem Bett flog. Ich musste mit ihm schlafen, ob ich wollte oder nicht und dafür hasste ich ihn. Sieben Jahre hielt ich es an seiner Seite aus, doch dann war der Punkt erreicht und ich wollte nur noch weg. In mir war keine Liebe mehr.

In einer Disco lernte ich einen anderen Mann kennen und sah hier meine Chance, endlich aus dieser Ehe auszusteigen. Das war natürlich nicht sonderlich klug und mein Ehemann rastete förmlich aus. Die Trennung war für mich nicht nur körperlich, sondern auch seelisch sehr schmerzhaft, denn ich hatte meine damaligen Schwiegereltern sehr ins Herz geschlossen. Ihnen wehzutun, bereitete mir sehr großen Kummer.

Irgendwann wurde die Lage immer unerträglicher und ich zog mit unserem Sohn, er war damals 4 Jahre alt, aus. Von unserem gemeinsamen Besitz nahm ich kaum etwas mit. Mein Mann musste Unterhalt und den Zugewinnausgleich an mich zahlen und dafür sollte ich bluten.

Ich hatte ihn betrogen. Ich war geldgierig und wollte ihn nur abzocken. Als er mit mir fertig war, hatten sich alle unsere gemeinsamen Freunde von mir abgewandt. Aber er ließ noch nicht locker und setzte mich so unter Druck, dass ich mich schließlich auf einen Deal mit ihm einließ, um endlich vor ihm Ruhe zu haben. Er bot mir einen größeren Geldbetrag an, dafür sollte ich auf meinen Unterhalt verzichten.

Geld allein macht nicht glücklich. Natürlich beruhigt es ungemein, wenn man seine Rechnungen alle bezahlen kann und dann noch genug da ist, um gut leben zu können. Es ist ein schönes Gefühl, keine Geldsorgen zu haben und sich vieles kaufen zu können; ich war in so einer Lage, aber mir fehlte die Liebe.

Ich habe mir einen Partner gewünscht, der mich so liebt und respektiert, wie ich bin – mit all meinen Fehlern, aber nicht einen, der mich öffentlich demütigt und benutzt, wann es ihm passt. Und ich wollte keinen Ehemann, der sich ungeniert für andere Frauen interessiert.
Man fühlt sich nicht gut, wenn der eigene Partner einen auf diese Weise abwertet. Diese Ehe hat mir nicht gutgetan und mein Selbstbewusstsein ganz schön leiden lassen.

Ich aber sage euch: Wer ein Weib ansieht, ihrer zu begehren, der hat schon die Ehe mit ihr gebrochen in seinem Herzen (Matthäus 5,2).

Ihr Ehebrecher und Ehebrecherinnen, wisset ihr nicht, dass der Welt Freundschaft Gottes Feindschaft ist? Wer der Welt Freund sein will, der wird Gottes Feind sein (Jakobus 4,4).

Und doch machte ich mir viele Jahre Vorwürfe und hielt mich für schlecht und unfähig, eine Beziehung aufrechtzuerhalten. Vor allem dann, wenn Bekannte mir immer wieder bezeugten, dass wir doch das Traumpaar schlechthin gewesen seien und sie meine Entscheidung überhaupt nicht verstehen konnten.

Heute weiß ich: In einer Partnerschaft kann man nur glücklich sein, wenn man sich geliebt fühlt und respektiert wird.

Gott möchte, dass wir unserem Ehemann treu zur Seite stehen, aber er möchte sicherlich nicht, dass wir zum Fußabtreter werden. Er hat uns Frauen aus der Seite und nicht aus der Fußsohle des Mannes geformt.
Leider ist die Unterdrückung der Frauen immer noch weltweit verbreitet.
Da, wo es Menschen in aller Welt schlechtgeht, geht es Frauen besonders schlecht. Und auch in Deutschland ist nicht alles im Lot. Die Frauenfeindlichkeit in Indien zeigt sich zurzeit in den Schlagzeilen besonders grausam. Die Misshandlung von Frauen ist nicht gottgewollt, sondern unmittelbar auf die sündige Natur des Menschen zurückzuführen. Die Vorstellung, Frauen müssten als Strafe für die Sünde in Eden unterjocht werden, findet in der Bibel keine Stütze. Gott erschuf die Frau sicherlich nicht als Mensch zweiter Klasse.

In Mose 1,27-38 heißt es: *Gott ging daran, den Menschen in seinem Bilde zu erschaffen, im Bilde Gottes erschuf er ihn; männlich und weiblich erschuf er sie. Sowohl der Mann als auch die Frau wurden demnach von Anfang an so erschaffen, dass sie Gottes Eigenschaften widerspiegeln konnten. Sie waren körperlich und emotional unterschiedlich, das stimmt, aber beide bekamen denselben Auftrag und hatten dieselben Rechte vor ihrem Schöpfer.*

Jesus liebte die Frauen, denn nicht nur Männer, sondern auch Frauen folgten Jesus. Sie unterstützen ihn und halfen, das Christentum zu verbreiten. Maria Magdalena, Lydia, Junia und Phöbe werden als Säulen des Christentums bezeichnet. Nur leider sind sie nach und nach aus den schriftlichen Überlieferungen der Männer verschwunden.

Maria Magdalena gehörte zu den Frauen, die Christus nachfolgten und mit für seinen und der Jünger Unterhalt sorgten. Diese Frauen folgten ihrem Herrn nach Jerusalem und sahen bei der Kreuzigung von weitem zu. Sie halfen beim Begräbnis und entdeckten am Ostermorgen das leere Grab. Nachdem Maria Magdalena hiervon den Jüngern berichtet hatte, begegnete ihr als erster der Auferstandene und trug ihr die Auferstehungsbotschaft an die Jünger auf.

Jesus verkündete: „Das Reich Gottes ist nah und in ihm sind alle Menschen gleich!"

Gottes Stimme hören

Die ersten Minuten morgens nach dem Aufwachen sollen Gott gehören. Ich habe mir angewöhnt, erst in der Bibel zu lesen und wenn mir eine Stelle besonders gut gefällt, dann lese ich sie immer wieder, damit sie sich einprägt. Meine Spaziergänge mit meinem Hund nutze ich dazu, zu Gott zu beten. Ich habe die wunderbare Erfahrung gemacht, dass Gott mir antwortet, wenn ich ihn wirklich suche.

Man hört Gott nur in der Stille und in der Ruhe, daher vermeide ich es auch, mit Nachbarsfrauen meine Runden zu drehen, da diese Spaziergänge oft dazu genutzt werden, den neuesten Klatsch und Tratsch zu verbreiten und leider kann ich meine große Klappe dann auch nicht immer halten. Aber Gott arbeitet an mir.

Früher habe ich mir nichts dabei gedacht. Alle anderen machen das doch auch, warum soll ich es dann nicht tun, es hat mir richtig Spaß gemacht. Heute bekomme ich jedes Mal, wenn wieder etwas Boshaftes aus meinem Mund gekommen ist, wenigstens schon einmal ein schlechtes Gewissen und ich bin Gott dankbar dafür, dass er mir meine Fehler aufzeigt und mir immer wieder gnädig ist.

Er arbeitet an mir und erneuert mich. Gott liebt mich.

Bewahre deine Zunge vor Bösem und deine Lippen vor falscher Rede ... (Psalmen 34,14).

Was hat der, was ich nicht habe. Ich will das auch. Ich muss das haben. Warum hat der das, und ich nicht? Gott, warum ist das so? Wie soll ich den anderen lieben, wenn ich doch neidisch bin. Was kümmern mich die anderen und deren Tun. Viel zu oft regen wir uns über die anderen auf, sind aber selbst nicht besser.

Meine Mutter hat früher immer gesagt: „Fass dich mal selbst an deine Nase!"

Redet nicht schlecht übereinander und klagt einander nicht an, Brüder. Wer einen Bruder verleumdet oder seinen Bruder richtet, verleumdet und kritisiert und richtet das Gesetz. Wenn du aber das Gesetz richtest, so bist du nicht ein Täter des Gesetzes, sonder ein Richter und Beurteiler dessen(Jakobus 4,11).

Alkohol oder auch Ruin

Waren Sie schon mal auf einem Fest, auf dem es keinen Alkohol gab? Ich nicht.

Es gibt immer einen Anlass zu trinken. Sekt zum Empfang, zur Geburt des Kindes, zur Hochzeit, zum Geburtstag, Jubiläum und einfach nur zum Spaß. Stößchen hier und Stößchen da. Prost hier und Prost da. Ob wir es nun wahrhaben wollen oder nicht, wir leben nicht nur im Zeitalter der Technik und der neuen Errungenschaften, sondern auch im Zeitalter der Alkoholiker. Der eine mehr, der andere weniger. Aber Alkohol schmeckt gut, bringt Spaß, macht locker.

Nein! Alkohol schwächt die Nerven, macht aggressiv und raubt uns unser Selbstbewusstsein und vor allem die Gesundheit.

Geschweige denn ein Unreiner und Verderbter, ein Mensch, der Verkehrtes trinkt wie Wasser (Ijob 15,16).

Wenn Ihnen einer sagt, dass Alkohol gut für Sie sei, dann sollten Sie wirklich an seinem gesunden Urteilsvermögen zweifeln.

Das Ihr endlich schweigen wollet, dass würde Weisheit für euch sein (Ijob 13,5).

Man sollte Alkohol „Ruin" nennen. Eine Welt voller Säufer, Selbstdarsteller und verlorener Seelen. Tolle Aussicht. Wer soll dieses menschliche Chaos nur wieder aufräumen?

Der Teufel freut sich darüber, wenn wir dem Alkohol so wohlgesonnen sind. Er liebt es, wenn wir torkelnd und lallend durch die Gegend laufen und Schluck für Schluck unsere Hemmungen, unsere Selbstkontrolle und unsere Würde verlieren. Das ist für den Teufel ganz großes Kino.

Wir liefern ihm alles, was er sehen möchte. Er kann sich kaputtlachen, wenn wir albern herum kichern und torkeln. Wir liefern ihm ein Drama, wenn wir die Kontrolle über unser Leben verlieren und in der Gosse landen. Und er bekommt Aktion und Horror, wenn wir im Alkoholrausch andere Menschen quälen und sogar erschlagen. Und natürlich liebt der Teufel Pornos.

Der Alkohol enthemmt uns und der Teufel bekommt jede Abartigkeit zu sehen, die er sich wünscht.

Es geht vielen ja gar nicht um die Gemeinschaft mit den anderen. Wir bekommen so viele Einladungen, da ist ein Fest gar nichts Besonderes mehr, sondern wird für viele nur noch zur Pflichtveranstaltung.

Manche genehmigen sich vorher schon ein Schlückchen, damit sie diesen Abend gut überstehen.

Gott möchte, dass wir glücklich sind und da gehört natürlich auch das Feiern dazu, aber nicht immer und ständig. Das Feiern sollte auch nicht dazu dienen, uns nur einen Grund zu liefern, mal wieder richtig viel Alkohol zu trinken.

Wenn Gott gewollt hätte, dass wir uns ständig betrinken, dann würde er uns am nächsten Tag nicht mit Kopfscherzen und Übelkeit bestrafen.

Ich glaube, wir sind dem Teufel schon ganz schön auf den Leim gegangen.

Ich fühle mich wesentlich besser, gesünder und sehe auch besser aus, wenn ich keinen Alkohol trinke, sondern meinen Durst mit viel Wasser lösche. Der Körper und das Gehirn funktionieren dann viel besser.

Alkohol zu trinken ist eine schlechte Gewohnheit und ein gesellschaftliches Problem, dem auch ich mich noch nicht gänzlich entziehen kann. Gott arbeitet auch hier an mir. Ich weiß, mit Gottes Hilfe werde ich auch diese Hürde schaffen.

Das Gleiche gilt auch für die Völlerei. Einer der 7 Hauptsünden ist Unmäßigkeit.

Die Hoffnungslosigkeit des Frevlers: *Denn gegen Gott erhebt er seine Hand, gegen den Allmächtigen erkühnt er sich. Mit Fett bedeckt er sein Gesicht, tut Fett um seine Hüfte (Ijob 15,25+27).*

Die sieben Hauptsünden

Wir hier, in den reichen Ländern, haben alles im Überfluss. Ich gehöre auch zu den Menschen, die mit Übergewicht zu kämpfen haben. Alles dreht sich nur noch ums Essen. Zurzeit boomen die Kochshows im Fernsehen. Früher hatte die Menschen gar nicht so viel Zeit, sich den ganzen Tag mit der Zubereitung von Mahlzeiten zu beschäftigen. Das Essen war einst eine ausschließlich lebenserhaltende Maßnahme und nur an Festtagen wurde mal reichlich aufgetischt. Heute wird gefuttert, was das Zeug hält, ob man nun Hunger hat oder nicht. Alles im Übermaß und viel zu viele Kalorien, die sich dann an den Hüften festsetzen. Wenn wir heute nachts nicht schlafen können, soll-ten wir uns erst einmal fragen, was wir abends alles noch so gegessen haben.

Bescheidenheit, Bescheidenheit, verlasse mich nicht bei Tische, und gib, dass ich zur rechten Zeit, das größte Stück erwische.

Hofart: Ist eine übermäßige Selbstbewunderung. Der Mensch will sich mit Gott auf eine Stufe stellen. Man macht seine eigenen Gesetze, hat seine eigene Moral, ist sein eigener Richter und sein eigener Gott. Man liebt nur seinen Vorteil - Erfolg und Beliebtheit um jeden Preis.

Geiz: Gott möchte, dass wir sparsam mit unserem Gut umgehen, aber er möchte nicht, dass wir geizig sind und nur danach trachten, unser Hab und Gut zu vermehren, denn das ist einer der 7 Hauptsünden. Wir sollen zum Geber werden. Lernen Sie zu geben und Sie werden Glückseligkeit erhalten.

Neid: Der neidische Mensch sieht es nicht gern, wenn der andere glücklich ist. Ein Neider redet die Leistung des anderen klein, um sich besser darzustellen.

Unkeuschheit: Wie der hl. Augustinus sagt: „GOTT zwingt den Menschen nicht dazu, rein zu sein. Er lässt nur jene allein, die es verdienen, dass man sie vergisst." Der Mensch vergisst seine Moral und gibt sich ganz und gar der fleischlichen Lust hin.

Zorn: Den Menschen überkommt ein heftiges Verlangen, den anderen zu strafen. Daraus folgen dann Ungerechtigkeit, Elend, Gewalt und Kriege.

Unmäßigkeit: Ist eine ungeregelte Lust am Essen und Trinken. Nicht die Erhaltung des Körpers steht hier im Vordergrund, sondern die Lust an der Völlerei.

Trägheit: Der Mensch ist zu träge und zu faul, seinen Verpflichtungen nachzukommen. Die gebratenen Tauben sollen ihm von selbst in den Mund fliegen.

Erschreckend ist aber, dass uns Menschen gerade diese sieben Hauptlaster am meisten Spaß machen.

Kennen Sie den Spruch: Wenn ich nicht mehr rauchen und trinken darf, was habe ich dann noch vom Leben!" Gott will, dass wir glücklich sind. Er will aber nicht, dass wir uns selbst zerstören. Aber wie soll ich auf einem Fest den Spaß haben, wenn ich mich nicht betrinken und nicht so viel essen darf, wie ich will. Die meisten von uns haben jetzt aber ein ganz schönes Problem.

Hier an dieser Stelle möchte ich Ihnen die Bücher von Allen Carr empfehlen. Allen Carr hatte eine Methode entwickelt, wie man vom Rauchen loskommt und er hat damit Millionen Menschen von ihrer Nikotinsucht befreit. Er schrieb auch das Buch „Endlich ohne Alkohol!" und das funktioniert genauso gut. Sie brauchen es nur zu lesen.

So viele Menschen leben mit den 7 Hauptlastern.

Sie lassen es so richtig krachen und trotzdem oder gerade deshalb sind so wenige Menschen wirklich glücklich. Wir wollen alles selbst entscheiden und unser eigener Herr sein. Christ zu sein oder werden zu wollen, ist in dieser Welt unmodern und für viele sogar ein Grund zu spotten.

Darum ist Hochmut ihr Halsschmuck, wie ein Gewand umhüllt sie Gewalttat. Sie sehen kaum aus den Augen vor Fett, ihr Herz läuft über von bösen Plänen. Sie höhnen, und was sie sagen, ist schlecht; sie sind falsch und reden von oben herab. Sie reißen ihr Maul bis zum Himmel auf und lassen auf Erden ihre Zunge freien Lauf. Darum wendet sich das Volk ihnen zu und schlürft ihre Worte in vollen Zügen (Psalmen 73,6,9,10).

Der Mensch will sich mit Gott auf eine Stufe stellen. Man macht seine eigenen Gesetze, hat seine eigene Moral, ist sein eigener Richter und sein eigener Gott. Man liebt nur seinen Vorteil. Erfolg und Beliebtheit um jeden Preis. So machen wir uns selbst zum Spielball und Fußabtreter des Teufels und wundern uns darüber, warum wir so wenig glücklich sind.

Ein wichtiger Schlüssel zum Glück ist: Halte dich fern von falschen Freunden, die verkehrt denken, reden und handeln!

Liebe

Wir Menschen verlieren die Fähigkeit, auch in schwierigen Zeiten zusammenzustehen? Steh zu mir soll doch heißen: „Egal, was passiert." Zwei Menschen, die sich gebunden haben, sollen nicht nur zusammen bleiben, sondern auch zueinander stehen. Das ist Liebe. Zusammenhalt, Respekt, Einfühlungsvermögen und zueinanderstehen sind die Stützpfeile einer guten Ehe.

In diesem Chaos kann ich echte Liebe eigentlich gar nicht mehr so richtig finden. Alles spricht von Liebe, aber wo ist sie hin?

Es gibt Hochzeitsshows im Fernsehen. Die Brautkleider kosten ein Vermögen. Der schönste Tag des Lebens. Die Liebe wird vermarktet. Gott möchte, dass wir Menschen uns lieben. Wenn das doch so einfach wäre. Heute wird jede dritte Ehe wieder geschieden. An dieser Stelle muss ich erwähnen, dass ich auch schon zweimal geschieden und jetzt das dritte Mal verheiratet bin.

Viel zu viele Jahre wollte ich Gott nicht in mein Leben lassen und habe ihn verleugnet. So viele Jahre habe ich verkehrt gelebt und vergeblich nach dem Glück gesucht. Dabei wäre die Lösung doch so einfach gewesen.

Die Liebe

Ohne Liebe bin ich nichts.
Selbst wenn ich in allen Sprachen der Welt,
ja mit Engelszungen reden könnte,
aber ich hätte keine Liebe,
so wären alle meine Worte hohl und leer,
ohne jeden Klang,
wie dröhnendes Eisen oder ein dumpfer Paukenschlag.
Könnte ich aus göttlicher Eingebung reden,
wüsste alle Geheimnisse Gottes,
könnte seine Gedanken erkennen
und hätte einen Glauben, der Berge versetzt,
aber mir würde die Liebe fehlen,
so wäre das alles nichts.
Selbst wenn ich all meinen Besitz
an die Armen verschenken
und für meinen Glauben das Leben opfern würde,
hätte aber keine Liebe,
dann wäre alles umsonst.

(1.Korinther 13)

Du bist Anfang und Ende, großer Gott

Ich komme aus einer kinderreichen Familie, wir waren acht Kinder. Die erste Tragödie in meinem Leben traf mich, als ich gerade sechs Jahre alt war; mein kleiner Freund und Spielkamerad starb an den Folgen eines Autounfalls. Ich konnte gar nicht begreifen, dass er nicht mehr da war. Sein Tod erschütterte meine heile Kinderwelt völlig.

Einige Zeit später erkrankte mein Bruder Karl-Heinz an Bauchspeicheldrüsenkrebs. Damit nicht genug; wir gerieten in finanzielle Schwierigkeiten, weil die Krankenkasse nicht alle Kosten übernehmen wollte.

Meine Eltern mussten unser schönes Haus verkaufen und wir zogen vorübergehend in eine Notunterkunft. Doch leider verlor mein Bruder den Kampf gegen den Krebs. Als er starb, war er gerade mal 17 Jahre alt.

Für meine Eltern brach eine Welt zusammen. Nach seinem Tod war nichts mehr so, wie es mal war. Wir wurden unstetig und zogen unzählige Male um.

Du bist Anfang und Ende, großer Gott. Solange es Menschen gibt, kommen sie von dir, und du bist ihr Ziel. Du rufst, komm wieder, Menschenkind (Psalm 90,2.3).

Viele Jahre lang habe ich dieses Kindheitstrauma mit mir rumgeschleppt und habe mich bemitleidet. Für mich stand eindeutig fest, dass es keinen lieben Gott geben konnte, sonst hätte er doch das alles gar nicht zugelassen.

Sein Leib fühlt nur die eigenen Schmerzen, seine Seele trauert nur um sich selbst (Ijob 14,22).

Ich bekam ein hartes Herz und war eigentlich immer unzufrieden mit meinem Leben und konnte nie lange richtig glücklich sein. Getrieben von einer inneren Unruhe, litt ich unter Verlustängsten und war oft unsicher und von Selbstzweifeln geplagt. Mein erster Ehemann verstärkte das noch. Einmal hatte ich die Idee, auf der Abendschule mein Abitur nachzumachen, aber mein Exmann meinte nur, dass ich dafür ja wohl zu dumm sei.

Unser innerer Dialog reißt aber auch nicht ab, wenn sich alles nur um uns selbst dreht: Gott, womit habe ich das verdient; Gott, ich kann nicht mehr; Gott, hilf mir doch; Gott, warum tust du mir das an; Gott, ich hasse meine Arbeit!

Wir sollen lernen dankbar und demütig zu sein, dann dreht sich nicht mehr alles um uns selbst.

Ein Schlüssel zum Glück ist – Dankbarkeit!

Heute bin ich mit einem Mann verheiratet, der das alles mitbringt. Dem ich vertrauen kann, der mich so liebt und annimmt wie ich bin, obwohl ich seit einigen Jahren mit starkem Übergewicht zu kämpfen habe und sicherlich auch nicht mehr den heutigen Schönheitsansprüchen genüge. Er sagt immer zu mir: „Du bist die Beste!" Ist das nicht ein schönes Kompliment! Aber das Wichtigste ist, dass er zu mir steht.

Wir haben schon so viel Chaos zusammen erlebt. So mussten wir schon die Bekanntschaft mit Mietnomaden machen, die uns fast in den finanziellen Ruin getrieben haben.

Danach hatten wir gehofft, endlich ordentliche Mieter für unser altes Haus gefunden zu haben, aber auch das war ein Riesenirrtum. Die guten Bekannten, die wir dort wohnen ließen, hatten keine Lust zu arbeiten, tranken und rauchten viel(*Trägheit, Neid, Unmäßigkeit*).

Nach vier Jahren mussten wir feststellen, dass sie im Haus und im Garten nichts, aber auch gar nichts getan hatten. Das Haus und der Garten waren völlig verschmutzt und verwüstet, sodass wir sie schließlich raus klagen mussten.

Ich fragte mich, ob man überhaupt noch einem Menschen vertrauen konnte. Keiner nahm uns diese schwere Bürde ab. Wieder eine Zeit der finanziellen Schwierigkeiten und wieder hatten wir viel Geld verloren.

Wenn einem so etwas passiert, ist man ganz allein. Man kann mit anderen Menschen darüber reden, aber eigentlich interessiert es keinen so wirklich.

Niemand will sich mit den Problemen anderer Menschen auseinandersetzen. Jeder ist sich selbst der Nächste. Gott hätte zugehört! Daher möchte Gott auch, dass wir nur ihm vertrauen, aber wir sollen lernen, die Menschen nicht zu verachten, sondern, wie Jesus es tat, ihnen Güte, Liebe und Verständnis entgegenbringen. Das aber ist schwer, wenn man so ist, wie ich war, und nichts von Gott wissen wollte.

Wir leben in einem Zeitalter der Technik. Der Mensch hinterfragt alles und will alles erklären. Er forscht, er experimentiert, er denkt, dass er auf alles eine Antwort wissen muss.

Nur Gott hat eine Antwort auf alles. Ohne Gott sind wir nichts.

Aller Augen warten auf dich, und du gibst ihnen ihre Speise zu rechten Zeit. Du tust deine Hand auf und sättigst alles, was lebt, nach deinem Wohlgefallen (Psalm 145,15,16).

Ein Schlüssel zum Glück ist: Nur Gott zu vertrauen!

Schlechte Zeiten

Viele Paare schwören sich die ewige Liebe in guten wie auch in schlechten Zeiten, aber wehe, es kommen schlechte Zeiten. Ich kann nur feststellen, dass die Erlebnisse und Erfahrungen, die wir im Laufe unserer Ehe gemacht haben, uns eigentlich noch enger aneinander gebunden haben. Wir haben gemeinsam unser Haus von Müll und Unrat befreit, und selbst diese schwere Zeit dazu genutzt, an unserer Beziehung zu arbeiten und das Beste daraus zu machen. So, dass die Stimmung selbst während Aufräumaktion fast immer heiter und ausgelassen war.

Wie schnell Menschen bereit sind, sich zu trennen, ist zurzeit überall zu beobachten.

„Gott ist Liebe!" Darum ist jede Sünde zunächst ein Mangel an Liebe. Sie ist ein Vergehen gegen Gottes Liebe.

Der eine sucht sich im Internet eine Ausländerin, weil er mit deutschen Frauen nicht klar kommt. Er heiratet zu schnell, ohne die Auserwählte richtig zu kennen und wundert sich dann darüber, dass diese Beziehung nicht funktioniert.

Eine andere, gerade 40 geworden, hat es irgendwie geschafft abzunehmen und passt jetzt wieder in ihre Hotpants. Nur leider passt der langweilige Ehemann nicht mehr zum sexy Outfit.

Sie kennen sicherlich auch eine Person, die ständig über den eigenen Ehepartner herzieht: „Mein Mann hat dies gemacht, mein Mann hat das getan." Sie hören der Person stundenlang zu und sie ist nur am Zetern. „Er macht nichts, er kann nichts, er tut nichts!", aber dann: „Ich muss, ich habe, ich bin…!"

Wenn man ständig so über seinen Partner herzieht und kein gutes Haar an ihm lässt, braucht man sich eigentlich nicht darüber wundern, dass er so ist, wie er ist.

Das Gedachte bewahrheitet sich und schlechte Schwingungen übertragen sich. Wenn ich schlecht über einen anderen Menschen denke, kommt das trotzdem bei ihm an. Sicherlich haben Sie das auch schon festgestellt. Solange Sie jemandem wohl gesonnen sind, ist alles harmonisch, doch sobald Sie anfangen, schlecht über ihn zu denken, kommen Spannungen auf. Schlechte Gedanken übertragen sich und die Beziehung beginnt zu bröckeln. Unsere Gedanken können zerstören, daher möchte Gott, dass wir unsere Gedanken erneuern.

So wie ein Mann im Herzen denkt, so ist er (Sprüche 23,7).

Falsche und böse Gedanken können vernichten, zerstören und sogar töten. Gedanken haben Macht, sie haben ihre eigenen Gesetze. Gott will, dass wir unsere Gedanken beherrschen, wir sollen nur Gutes denken, aber dem Teufel gefällt das nicht. Er flüstert uns immer wieder negative Gedanken ein. Gottes Gedanken bringen Ruhe, Zufriedenheit und Liebe, aber der Teufel stellt alles infrage. Er lässt uns zweifeln, lässt uns ängstlich und zornig werden. Er greift uns immer wieder an. Wir müssen ihm immer wieder aufs Neue die Stirn bieten: *Herr ich vertraue nur dir, du bist meine Kraft, du bist mein Schild.* Wenn sich bei mir schlechte Gedanken einschleichen wollen, dann ersticke ich diese sofort im Keim, in dem ich sage: „Teufel geh weg, denn ich wachse und Gott ist mein Schild, du kannst mir nichts anhaben. Gott liebt mich!"

Herr ich suche Zuflucht bei dir. Lass mich doch niemals scheitern; rette mich in deiner Gerechtigkeit (Psalmen 31,2).

Die Mahnung zu gerechtem Leben

Verkehrte Gedanken trennen von Gott; wird seine Macht herausgefordert, dann weist sie die Toren zurück (Weisheit 1).

Ich versuche heute das geschriebene Wort in der Bibel zu verstehen und nach und nach geht mir ein Licht auf. So gehörte ich doch auch zu den Menschen, die von dem ganzen Religionsquatsch, wie ich es immer wieder selbst genannt habe, nichts wissen wollte. Ich habe mich nie mit der Bibel auseinandergesetzt, wollte es auch gar nicht.

Für mich stand fest, dass das, was in der Bibel steht, alles nur von Menschen ausgedacht war und ich hatte viele Argumente, die gegen die Kirche sprachen.

Im Namen der Kirche sind so viele Ungerechtigkeiten und so viele schlimme Dinge geschehen, wie zum Beispiel die Hexenverfolgung oder auch, was jetzt wieder ans Licht gekommen ist, Kindesmissbrauch.

Dadurch hat die Kirche nicht unbedingt an Ansehen gewonnen.

Heute ist mir klar, dass das, was da im Namen der Kirche passiert ist und passiert, nicht von Gott kommt.

Allein der Mensch ist dafür verantwortlich - wobei wir wieder bei den sieben Hauptlastern wären. Der Mensch erhebt sich, will Gott spielen und Macht über andere ausüben. Er ist nur auf seinen Vorteil bedacht. Wir sind die Sünder.

Wenn wir die Bibel lesen und begreifen, werden wir verstehen, um was es Gott geht. Er will uns von allem Bösen befreien und uns die Liebe bringen.

Ein wichtiger Schlüssel zum Glück ist die Liebe!

Die Stelle in Johannes 10.1-10 habe ich erst nicht verstanden und musste sie mehrmals lesen, doch dann verstand ich.

Jesus sprach zu den Pharisäern:

*Wer durch den Schafstall nicht durch die Tür hineingeht, sondern anderswo einsteigt, der ist ein Dieb und ein Räuber. Wer aber durch die Tür hineingeht, ist der Hirt der Schafe, ihm öffnet der Türhüter und die Schafe hören auf seine Stimme; er ruft die Schafe, die ihm gehören, einzeln beim Namen und führt sie hinaus. Wenn er alle seine Schafe hinausgetrieben hat, geht er ihnen voraus und die Schafe folgen ihm, denn sie kennen seine Stimme. Weiter sagte Jesus zu Ihnen: „Ich bin die **Tür** zu den Schafen. Alle, die vor mir kamen, sind Diebe und Räuber: aber die Schafe haben nicht auf sie gehört. Ich bin die Tür, wer durch mich hineingeht, wird gerettet werden; er wird ein- und ausgehen und Weide finden. Der Dieb kommt nur, um zu stehlen, zu schlachten und zu vernichten: ich bin gekommen, damit sie das Leben haben und es in Fülle haben.*

Jesus ist von Gott gesandt, um uns die Wahrheit zu bringen. Er ist die Tür der Erkenntnis und wer durch diese Tür kommt, geht zu Gott. Gott kennt seine Kinder alle beim Namen, er will, dass es uns gut geht. Nur wenn wir durch die Tür der Erkenntnis (Jesus) gehen, werden wir verstehen lernen. Jesus ist die Tür, die sich für uns öffnet. Gehen wir durch diese Tür, dann erwartet uns Liebe, Glück, Zufriedenheit und Zuversicht. Die Kirchenmänner, die in Gottes Namen Kriege geführt, Menschen der Hexerei angeklagt und auch Kinder geschändet haben, sind nie wirklich durch die Tür der Erkenntnis gegangen.

Jesus sagt weiter: Ich bin der gute Hirt. Der gute Hirt gibt sein Leben hin für die Schafe. Der bezahlte Knecht aber, der nicht Hirt ist und dem die Schafe nicht gehören, lässt die Schafe im Stich und flieht, wenn er den Wolf kommen sieht.

Jesus sagt, wir sollen nur Gott vertrauen und nicht den falschen Versprechungen der menschlichen Welt. Wir sollen uns nicht blenden lassen von Glanz und Glitter. Wir sollen lernen, gütig und mitfühlend wie Jesus zu sein. Wir sollen unseren Nächsten so lieben, wie uns selbst, aber wir sollen nicht auf falsche Versprechen hereinfallen. Das Glück kann man nicht kaufen. Das Glück ist in uns, wenn wir Jesus in unser Leben lassen. Er will in uns sein. Wir sind in ihm und er ist in uns. Er ist der Heilige Geist, der in uns wohnen will. Wenn wir das zulassen, dann führt er uns in die Herrlichkeit Gottes und es wird uns an nichts mangeln.

Wenn man Gott seine Arme entgegenstreckt, wenn man Gott wirklich sucht und anruft, dann ist er da. Gott liebt uns, denn wir sind seine Kinder. Gott liebt uns auch, wenn wir gesündigt haben. Gott ist gnädig und verzeiht uns unsere Sünden, er schaut nicht zurück. Er ist nicht nachtragend. Er möchte, dass wir nur ihm vertrauen. Er führt uns und leitet uns und er erneuert uns, er spricht zu uns. Er hat mir gezeigt, dass es ihn gibt.

Wenn man sich Gott zuwendet und ihn sucht, wird er sich den Suchenden offenbaren. Ich suche ihn in der Stille und er antwortet mir. Jeder, der Gott ruft, kann ihn hören. Wir müssen lernen ihm zu vertrauen.

Wir müssen glauben, denn nur der Glaube macht uns stark. Übergeben Sie Gott Ihre Sorgen und er gibt Ihnen dafür seine Ruhe und Zufriedenheit. Nur wer zufrieden mit seinem Leben ist, kann glücklich sein. Die Jagd nach Erfolg und dem großen Geld oder Ruhm macht uns nicht glücklich. Wenn wir Gott jeden Tag für das danken, was wir bereits haben, werden wir Erfüllung finden. Wenn wir Gott bitten, wird er uns erhören. Gott hat für jeden Menschen einen guten Plan.

Ein wichtiger Schlüssel zum Glück ist, Gott in sein Herz zu lassen!

Das Erste, was wir lernen müssen, ist geduldig zu sein, denn Gott hat seinen eigenen Zeitplan.

Ich befinde mich in einer Phase der Erneuerung. In dieser Phase hält Gott mir einen Spiegel vor und das ist oft sehr schmerzhaft.

Der Engel des Herrn um schirmt alle, die ihn fürchten und ehren, und er befreit sie (Psalm 34,8).

Er zerbricht mein altes Ich. Er lässt mich erkennen, was richtig und was falsch ist, was gut und was böse ist. Gott will mich reinigen, damit Jesus in mir wohnen kann. Wir sind alle Gottes Kinder. Er allein führt uns in die Herrlichkeit. In der weltlichen Welt werden wir diese Herrlichkeit nie finden. Wenn wir uns mit Gott verbünden und dem Teufel endlich die Stirn bieten dann, und nur dann erlangen wir die Glückseligkeit, die wir vergeblich in der weltlichen Welt suchen. Gott gibt uns Liebe, Ruhe und Zufriedenheit. Ich habe anfangs befürchtet, dass ich keinen Spaß mehr haben könnte, wenn ich mich auf Gott einlasse und versuche, ihm zu gehorchen. Ich bin auch längst noch nicht am Ziel, aber ich spüre, wenn ich es versuche, dann verbessert sich mein Leben von Tag zu Tag. Wenn wir Gott anrufen, dann spricht er zu uns. Wir müssen ihn von Herzen suchen, dann findet er uns und wir können ihn hören. In der Stille, im Wind und in uns ist seine Stimme. Wenn ich ihn anrufe, dann erhalte ich eine Antwort. Auch Sie können lernen, Gottes Stimme zu hören oder seine Zeichen zu erkennen.

Gottes vielfältige Zeichen:

Denn einmal redet Gott und zweimal, man achtet nicht darauf. Im Traum, im Nachtgesicht, wenn tiefer Schlaf auf die Menschen fällt, da öffnet er der Menschen Ohr und schreckt sie auf durch Warnung.Ijob 33,14-16

Gott will nicht, dass wir niedergeschlagen und mit gesenktem Kopf durch die Welt laufen, sondern dass wir uns jeden Tag aufs Neue am Leben erfreuen.

Die Aufgaben des Menschen (Ijob 11,13-15).

Wenn du selbst dein Herz in Ordnung bringst und deine Hände zu ihm ausbreitest - wenn Unrecht klebt an deiner Hand, entfern es und lass nicht Schlechtigkeit in deinem Zelte wohnen! - dann kannst du makellos deine Augen erheben, fest stehst du da und brauchst dich nicht zu fürchten.

An was glauben wir, wenn wir Gott verleugnen?

Wir Menschen vergöttern uns selbst am meisten und machen uns zum Maßstab aller Dinge. Wir sind große Erfinder und Wissenschaftler und glauben daran, dass sich alles mit Verstand erklären lässt. Für alles kann ein Beweis erbracht werden. Unsere größte Sünde ist, dass wir uns selbst zu Götzen erheben wollen.

Enttäuschung über sich selbst

Ein Punkt, den ich hier unbedingt ansprechen möchte, ist die Enttäuschung über sich selbst. Gerade scheint alles gut zu laufen, dann kommt wieder ein Dämpfer.

Wie oft habe ich schon versucht, eine Diät durchzuhalten, am Anfang lief alles super und ich habe sogar einige Kilo abgenommen, doch dann kommt wieder eine Phase, da fängt man an zu schludern oder man wird krank und die Sportstunden fallen erst einmal aus und nach einiger Zeit steht man auf der Waage und diese zeigt noch mehr an als je zuvor.

Wie oft schon habe ich mir vorgenommen, sparsamer zu sein und nicht so viel Geld für unnütze Dinge auszugeben. Das hält immer nur so lange, bis die nächste Werbung ins Haus flattert oder der nächste Klamottenladen so tolle Angebote hat, dass ich einfach nicht widerstehen kann.

Die Verführungen sind so groß. Jeden Tag bekomme ich E-Mails mit der Aufforderung, Lotto zu spielen: „So werden Sie reich!" Wenn ich all das Geld, das ich schon verspielt habe, angelegt hätte, dann wäre da schon eine beträchtliche Summe zusammengekommen.

Ein Schlüssel zum Glück ist: Fallen Sie nicht auf die weltlichen Verführungen rein!

Das Ü-Ei

Sicher kennen Sie diese Werbung, in der kleinen Kindern ein Ü-Ei vorgelegt wird, aber die Kinder sollen das Ei nicht öffnen und wenn sie eine gewisse Zeit durchhalten, bekommen sie noch ein zweites Ei. Die Mimik der Kinder ist einfach köstlich. Sie drehen und wenden sich, bis sie es irgendwann nicht mehr aushalten können und das Ei doch öffnen. Wenn ich diese Werbung sehe, muss ich jedes Mal schmunzeln. Das Verhalten ist so herrlich menschlich und genauso verhalten wir Erwachsenen uns oft auch. In der menschlichen Welt, siehe nur einmal die Werbung, wird uns so viel versprochen: „Wenn du jetzt kaufst, dann …!" Wir sind überall Verführungen ausgesetzt. Ich kann das alles jetzt sofort haben und nicht erst in ein paar Monaten, denn ich habe ja eine Kreditkarte oder mir wird eine Zahlpause eingeräumt. Ich muss mich nicht in Geduld üben und sparsam leben, denn es ist ja alles sofort und jetzt möglich. Diese Werbung mit dem Ü-Ei zeigt klar eine Problematik, die wir auch mit dem Glauben haben. Gott sagt, wir sollen geduldig sein, ihm vertrauen, an ihn glauben, dann werden wir eines Tages belohnt werden, dann werden wir die Herrlichkeit in Gott erfahren. Der Teufel aber lässt uns glauben, dass wir alles sofort bekommen können. Wir brauchen nicht warten, wir brauchen nicht glauben und auch nicht geduldig sein. Er gibt uns alles sofort und jetzt, ohne dass wir etwas dafür tun müssen. Das ist doch herrlich, oder? Wir wollen das, was in dem Ü-Ei ist sofort haben und nicht noch warten, selbst wenn wir nach Stunden, Tagen, Wochen oder Monaten ein zweites bekommen. Das dauert einfach alles viel zu lange, da vergeht mir ja der ganze Spaß. Zwei Ü-Eier wären ja nicht schlecht, aber das eine ist so verlockend und macht mich jetzt glücklich und nicht erst in nächster Zukunft.

Wir öffnen also voller Ungeduld das Ü-Ei und essen die Schokolade, die innen ganz hohl ist, im Nu und dann haben wir das Spielzeug erreicht. Ein kleines Plastikauto zum Zusammenbauen. Die Räder fallen beim Spielen immer wieder ab und so fliegt es gleich in die Ecke und spätestens beim nächsten Aufräumen in den Müll. Übrig bleiben nur unsere Enttäuschung und ein schlechtes Gewissen. Vielleicht wäre ja in dem zweiten Ü-Ei die kleine Figur gewesen, die mir noch zu meiner Sammlung fehlt.

Glauben Sie, dass der Teufel Ihnen das Ü-Ei schenkt, ohne etwas dafür haben zu wollen?

Der Teufel will unseren Glauben zerstören. Er hasst es, wenn wir uns Gott zuwenden und will das mit aller Macht verhindern und macht uns leere Versprechungen. Seine Verpackungen sind trügerisch und sein Verhalten ist listig, denn er will uns nur ködern.

Wenn der Teufel eins nicht will, dann, dass wir glücklich und zufrieden sind.

Gott jedoch macht keine leeren Versprechungen, er hält, was er uns verspricht. Er versucht uns nicht zu blenden, wie der Teufel.

Der Teufel ist ein gefallener Engel und der Gegenspieler Gottes. Er setzt immer alles auf eine Karte. Er liebt das Glücksspiel. Er ist der geborene Verführer. Er ist hinterlistig und böse und schleicht sich in unsere Gedanken und vergiftet unsere Seele.

Man muss schon einen starken Glauben haben, um diesen Versuchungen zu entkommen, denn die Verlockungen des Teufels lauern in der ganzen Welt.

Da hast du mein Klagen in Tanzen verwandelt, hast mir das Trauergewand ausgezogen und mich mit Freude umgürtet. Darum singt dir mein Herz und will nicht verstummen. Herr, mein Gott, ich will dir danken in Ewigkeit (Psalmen 30, 12,13).

Ein Sturm zieht auf

Ich habe ein Gespür für unangenehme Dinge, die auf mich zukommen. Ich kann sie regelrecht wittern und stehe schon mit einem unguten Gefühl am Morgen auf. Manchmal kann ich Ereignisse regelrecht voraussehen oder träume sogar davon – Gott hat mir diese Gabe gegeben. Bis vor kurzem war ich in einem Callcenter tätig. Auf der einen Seite ist die Tätigkeit im Callcenter langweilig und eintönig und man fühlt sich oft unterfordert, weil man eigentlich immer das gleiche macht – telefonieren. Aber auf der anderen Seite auch mit viel Stress verbunden, weil es Vorgaben gibt, die erfüllt werden müssen. Eigentlich hasste ich diese Tätigkeit. Hinzu kam, dass man sich eine Provision erarbeiten konnte, wenn man über sein Soll kam, allerdings war der Provisionsrechner zu Gunsten der Firma ausgelegt und am Ende des Monats fehlte, wie durch ein Wunder, immer wieder nur ein Termin, der aber die Provision ausgemacht hätte.

Nun fordert Gott uns aber auf, nicht aufzugeben und geduldig zu sein, so habe ich jeden Morgen gebetet: „Gott, heute ist ein guter Tag, mit deiner Hilfe kann ich alles schaffen, was ich schaffen muss!" Ich habe die Zähne zusammengebissen und versucht, meinen Job so gut es eben ging, zu machen. In einigen Projekten war ich wirklich sehr gut, hatte aber immer das Gefühl, dass es hier nur alleine um Profit ging. Wir Mitarbeiter hatten überhaupt keine Lobby.

Einen Krankenschein konnte sich keiner erlauben, dann wurde sofort mit Kündigung gedroht. Ich spürte immer mehr, dass sich irgendetwas zusammenbraute und träumte nachts davon, dass man mich kündigen würde. Ich fragte Gott, was ich tun soll und flehte ihn an. „Gott hilf mir! Hilf mir!"

Ich bat Gott um ein Zeichen. Am nächsten Tag hatte ich einen Blutdruck von 180 zu 110 und es ging mir so schlecht, dass ich zum Arzt musste. Er verschrieb mir ein blutdrucksenkendes Mittel und schrieb mich gleich für ein paar Tage krank, damit sich der Blutdruck wieder normalisieren konnte. Einen Tag nach meiner Krankmeldung bekam ich meine Kündigung. Gott hatte entschieden.

Geht durch das enge Tor! Denn das Tor ist weit, das ins Verderben führt, und der Weg dahin ist breit und viele gehen auf ihm. Aber das Tor, das zum Leben führt, ist eng und der Weg dahin ist schmal und nur wenige finden ihn (Matthäus 7,13-14)

Die Bibel ist mein Wegweiser zu Gott und zum Leben. In den Versen der Bibel steckt so viel Kraft.

Der Adler

Gott will nicht, dass wir ängstlich sind. Er will, dass wir es dem Adler gleichtun: Der Adler wittert den Sturm, er wartet ab – ist vorbereitet und nutzt den Sturm, um noch höher hinaufzusteigen.

Aber die auf den Herren hoffen, gewinnen neue Kraft: Sie heben die Schwingen empor wie die Adler, sie laufen und ermatten nicht, sie gehen und ermüden nicht (Jesaja 40,31).

Gott lässt mich mit jedem Sturm wachsen.

Ein Schlüssel zum Glück heißt: Gott vertrauen und ihm unsere Sorgen übergeben, er gibt uns dafür Ruhe und Zufriedenheit.

Natürlich werden Sie jetzt sagen, das ist ja alles gut und schön, aber wie geht es weiter? Auch ich bin noch nicht frei von Sorge und konnte wegen der Kündigung nachts nicht schlafen. Gott will ja eigentlich nicht, dass wir aufgeben. Er möchte, dass wir fleißig und dankbar für unsere Arbeit sind. Ich habe lange mit mir gekämpft und habe immer wieder versucht, mich zu motivieren, aber ich habe mich in diesem Job auch gequält. Einmal war dieses ständige Sitzen nicht gut für mich, da ich so und so schon übergewichtig bin und mich eigentlich mehr bewegen sollte. Und dann machte mir die Tätigkeit überhaupt keinen Spaß mehr. Ich musste mich jeden Morgen regelrecht zwingen aufzustehen und zur Arbeit zu fahren, aber ich konnte kein Licht am Ende des Tunnels sehen.

Ich weiß, dass Gott für mich die Entscheidung gefällt hat. Einmal wahrscheinlich auch, damit ich endlich auf ihn höre und mich gesund ernähre und mehr bewege. Denn das hat Gott mir aufgetragen und ich habe nicht gehört.

Mein Bluthochdruck sollte wohl ein Warnschuss sein, ihm endlich zu gehorchen, denn Gott will in uns wohnen, unser Körper soll sein Tempel sein. Gott will aber sicherlich nicht in einer Ruine wohnen, also sind wir angehalten, unseren Körper auch dementsprechend pfleglich zu behandeln.

So oft habe ich darüber nachgedacht, einfach zu meinem Chef zu gehen, um ihn zu sagen, dass ich kündigen würde, aber natürlich hätte ich das nie getan. Gott hat für mich entschieden.

Ich muss ihm einfach vertrauen, dass er für mich die richtige Entscheidung getroffen hat und dass er alles für mich wieder in Ordnung bringt. Auch wenn mir das jetzt finanzielle Kopfschmerzen macht. Ich übergebe ihm meine Sorgen.

Das heißt nicht, dass ich jetzt jedem, der keine Lust mehr hat zu arbeiten, dazu rate, seinen Job hinzuschmeißen. Wir sollten schon genau darauf hören, was Gott uns sagt oder zeigt. Er hat mich krank werden lassen. Ein Blutdruck von 180/110 ist eine Krise und ein hypertensiver Notfall I 10.91 G. und muss dringend behandelt werden.

Meine Nerven waren ganz schön angeschlagen, sodass ich bei der kleinsten Kleinigkeit trotz Medikament gleich wieder auf 180 war und damit es hier nicht zum Herzinfarkt oder Schlaganfall kommt, ist Ruhe für Geist und Körper angesagt. Gott hat mir ganz klar gezeigt, dass Stress, Ärger, Sorgen und Angst uns krank machten

Er wollte mich wohl davor bewahren, wieder in eine schwere Depression zu rutschen.

Wirf dein Anliegen auf den Herren; der wird dich versorgen und wird den Gerechten nicht ewiglich in Unruhe lassen (Psalm 55,23).

Das Gerede der anderen

Was mir aber noch mehr zu schaffen machte als die Kündigung meiner Arbeitsstelle an sich war die Reaktion meiner Schwiegereltern. Ich war 1 1/2 Jahre in der Firma beschäftigt gewesen, aber meine Schwiegermutter kommentierte so: „Du hast doch nun wirklich ein halbes Jahr durchgezogen und alle Aufgaben zur Zufriedenheit und ohne große Lohnerhöhungen geschafft." Worte können verletzen-das „Wie" ist entscheidend. Sie hat mir dann noch ein Buch empfohlen, wie ich in 10 Wochen meinen Blutdruck selbst senken kann. Ich war so zornig über ihre negative Betrachtungsweise, dass ich ihr am liebsten das Buch „Das Schwiegermutter-Monster" empfohlen hätte.

Gott mahnt uns zur Besonnenheit, denn er weiß, dass Menschen so sind. Sie sind rechthaberisch und oft auch selbstverliebt. *Sei weise und lass sie verkehrt reden, denn sie wissen nicht, was sie tun.*

Sie kennen das Dilemma mit Schwiegermüttern oder Eltern sicherlich auch. Egal, was man tut, es ist nie richtig. Im Zorn habe ich meinem Mann gesagt: „Deine Eltern wünschen sich eine schlanke und erfolgreiche Schwiegertochter, ich aber hätte mir aber auch liebe Schwiegereltern gewünscht." Natürlich war er darüber sehr traurig, sodass mir diese Äußerung sofort wieder leid tat und ich schämte mich für meine Gehässigkeit. Nur mit Gotteshilfe bekommen wir diese tiefen emotionalen Gefühle, die uns doch so schwer belasten und auch krank machen, wieder in den Griff. Ich lege mein Leben in Gottes Hände. Er fängt mich auf und gibt mir die Kraft, weiterzugehen und nicht aufzugeben. Wir sollen aus jedem Sturm gestärkt herauskommen, das ist Gottes Plan für uns. Wir sollen an jeder Herausforderung, auch wenn sie uns noch so gewaltig erscheint, wachsen. Mit Gottes Kraft, seiner Güte und Gnade kann uns alles gelingen.

Mein Mann sagt immer: „Wir haben bis jetzt alles alleine geschafft und darauf können wir stolz sein!" Ja, wir beide haben alles mit Gottes Hilfe geschafft und dafür sind wir dankbar.

Gott möchte nicht, dass wir jammern, klagen und betteln, denn damit erreichen wir nichts - ganz im Gegenteil, wir ernten dann nur Hohn und Spott. Gott möchte, dass wir zu Gebern werden, denn es gibt keine größere Freude als jemanden, der in Not geraten ist, zu helfen.

Liebe ist der Wunsch etwas zu geben, nicht etwas zu erhalten.

Berthold Brecht

Gottes Zeitplan

Gott hat einen Zeitplan für uns. Er wird im richtigen Moment einschreiten, deshalb sollen wir nicht in Furcht vor dem Morgen leben, die Angst verdirbt uns sonst den Tag. Jeder Tag ist ein Geschenk Gottes und wir sollen ihn ehren und das Beste daraus machen. Gott will, dass wir stark sind. Manchmal scheint es uns, als würde sich Gott viel Zeit lassen und wir werden ungeduldig. Wenn wir ihm glauben und ihm vertrauen, dann wird er einschreiten. Gott möchte, dass wir zuversichtlich sind und Gottvertrauen haben, dann und nur dann kann uns alles gelingen.

Wir können uns nur weiterentwickeln und entfalten, wenn wir lernen, Gott zu vertrauen und geduldig auf seine Führung warten. Gott hat einen Plan für jeden von uns. Wir müssen uns in Geduld üben.

Jeder Tropfen höhlt den Stein. Nur wer sich in Geduld übt, wird seinen Plan verwirklichen können.

Weitergehen, Schritt für Schritt, nicht müde werden. Jeder Mensch hat eine besondere Gabe.

Ich schreibe gerne und Gott sagt mir, wie und was ich schreiben soll, damit ich seine Worte wiedergeben kann. Ich bin sicher kein genialer Schriftsteller und auch kein Wortkünstler, aber das ist Gott auch nicht wichtig. Er möchte, dass ich so schreibe, dass die Menschen verstehen, was ich sagen will.

Gott hat für jeden einen Plan. Wenn Sie Gott in der Stille suchen, wird er Ihnen seinen Plan offenbaren. Gott hat mir gesagt, dass ich schreiben soll, aber ich war ungeduldig und wollte schnell fertig werden – ich bekam eine Schreibblockade. Gott wollte, dass ich sein Wort aufschreibe. Er wollte nicht, dass ich das schreibe, was ich denke sondern, dass ich in seinem Namen handle. Ich musste das erst begreifen, um weiterschreiben zu können. Gott möchte, dass wir frei vom menschlichen Denken sind. Wir sollen im Geist mit ihm leben, nur so erfüllt er uns mit Erkenntnis.

Menschen, die Gott nicht kennen, können den Geist Gottes nicht verstehen. In ihren Ohren klingt alles unsinnig (1. Korinther 2,14).

Gebet für den Tag: *„Gott, danke für den neuen Tag, ich weiß, mir wird heute nur Gutes widerfahren, denn du bist bei mir. Ich glaube an dich, an deine Stärke und Weisheit. Mit deiner Hilfe kann ich alles schaffen, was ich schaffen muss. Du bist mein Herr, mein Gott. Ich liebe dich und ich weiß, dass du mich liebst!"*

Gott ist das Größte und Höchste. Höher hinauf geht es nicht. Wir Menschen sind nichts im Vergleich zu Gott. Er könnte uns mit einem Schlag vernichten, wenn er nur wollte. Aber Gott liebt die Menschen, die er erschaffen hat und er hat einen Bund mit den Menschen geschlossen – der Regenbogen ist ein Symbol dafür. Gott hält sein Wort. Wir können ihm vertrauen.

Gott verspricht nicht, dass es einfach wird. Viele Menschen möchten den einfachsten Weg gehen. Sie möchten ohne große Mühe schnell ans Ziel kommen. Auch ich war so. Viel zu lange habe ich Gott verleugnet. Ich war mir sicher, es konnte keinen Gott geben. Und doch hat er mich erhört. Wir sind alle Gottes Kinder. Ohne seine Liebe sind wir nichts.

Er hat seinen Sohn für uns geopfert. Jesus ist für uns am Kreuz gestorben. Er war menschlich geworden, und er war den gleichen weltlichen Versuchungen und Verführungen ausgesetzt wie wir. Gott will uns in Jesus Namen erneuern. Jesus ist unser Wegweiser zu Gott. Er wohnt in uns. Jesus ist die Tür zu Gott. Er will in uns wohnen. Erst wenn wir begreifen, dass Jesus in uns wohnt und uns anleiten möchte, so wie er zu sein, werden wir innere Zufriedenheit, Ruhe und Glück erlangen. Wenn wir immer nur in den Tag hineinleben in der Hoffnung, das Glück würde so einfach an unserer Tür klopfen, dann werden wir lange warten müssen. Natürlich hat der eine oder andere mal Glück im Lottospiel, aber das hatten wir ja schon. Wenn einer nie gelernt hat, mit Geld umzugehen, ist dieses auch schnell wieder verloren. Außerdem gibt es so viele Reiche, die todunglücklich sind. Als reicher Mensch haben Sie mit so vielen anderen Problemen zu kämpfen. Es gibt so viele Neider auf dieser Welt, denen man dann ständig ausgeliefert ist.

Rufen Sie ihn an und Gott wird antworten. Gott ist in Ihnen und Sie werden seine Stimme wahrnehmen. Am Anfang werden Sie, wie auch ich es war, verwirrt sein, aber dann werden Sie verstehen. Gott muss nichts beweisen, aber er hat mir gezeigt, dass es ihn gibt. Nur mit seiner Hilfe kann man Großes erreichen.

Denn so du durch Wasser gehst, will ich bei dir sein, dass dich die Ströme nicht sollen ersäufen; und so du ins Feuer gehst, sollst du nicht brennen, und die Flamme soll dich nicht versengen. Jesaja 34, 2

Glauben ist der wichtigste Schlüssel zu Zufriedenheit, Ruhe und Glück!

Glauben Sie!

Ohne unseren Glauben hätten wir gar nichts - außer einem unbezwingbaren Schicksal, Tag für Tag.

Lance Armstrong

Sorge dich nicht

Kennen Sie das? Die Sorgen fressen einen auf. Wie soll ich das bezahlen, wie soll ich das überstehen, warum gerade ich, warum muss mir das passieren?

Wie oft war ich an einem Punkt angelangt, an dem ich nicht mehr wusste, wie es weitergehen soll.

Ich habe je bereits über die Tragödie meiner Familie berichtet und auch über unsere finanziellen Schwierigkeiten, die einfach nicht abreißen wollten. Eine Zeit lang lief alles glatt und es ging uns finanziell gut, dann kam wieder die nächste Pleite. Sie denken, jetzt geht es langsam bergauf und schon geht die Talfahrt wieder los. Irgendwann wird man müde und dann kommt auch der Punkt, an dem man einfach nicht mehr kann. Mich hatten unsere finanzielle Situation, aber auch mein Trauma aus der Kindheit in eine tiefe Depression geführt. Wenn Sie da angekommen sind, gibt es meistens keinen Weg mehr heraus. Sie werden mit Medikamenten versorgt, um den Tag überstehen zu können. Ein depressiver Mensch empfindet jeden neuen Tag als Qual. Gott aber will, dass wir jeden neuen Tag genießen. Er möchte, dass wir uns keine Sorgen machen. Für ihn zählt nur der heutige Tag, kein Gestern und kein Morgen. Gott möchte uns erneuern. Wenn wir ihn in unser Leben lassen, dann erneuert er unsere Gedanken und führt uns auf den richtigen Weg, sodass unser Leben wunderbar wird.

Gott verspricht nicht, dass es einfach wird, aber es wird einfacher mit Gott! Die meisten Menschen möchten den einfachsten Weg gehen. Sie möchten ohne große Mühe schnell ans Ziel kommen. Auch ich war so. Viel zu lange habe ich Gott verleugnet. Ich war mir sicher, es konnte keinen Gott geben. Und doch hat Gott mich erhört, als ich ihn gesucht habe, da hat er mich angenommen. Gott liebt uns.

Eine gründliche Kenntnis der Bibel ist mehr wert als ein Universitätsstudium.

Theodore Roosevelt

In der Bibel steht, dass wir nur Gott vertrauen sollen, nicht den Menschen. Ich habe nur zu oft die Erfahrung gemacht, dass man Menschen nicht unbedingt trauen kann. Dass soll aber nicht heißen, dass wir jedem Menschen misstrauen sollen, denn dann würden wir uns selbst nur schaden und uns das Leben schwer machen. Jesu Christus hat auch die Nähe der Menschen gesucht. Sie wurden zu seinen Vertrauten. Wenn Gott sagt, dass wir nur ihm vertrauen sollen, dann will er uns damit sagen, dass er uns nie verraten und fallen lassen würde.

Gott ist geduldig, er ist gütig und kennt unsere Fehler und wir, die ihm folgen, sollen es ihm gleich tun.

Die Heilige Schrift ist ein Spiegel der Seele. Wer in ihr liest, der weiß erst, was Leben heißt, wer sie versteht, dem erwächst die Frucht dieses Verständnisses.

Peter Abaelard

Erneuerung

Kein Geld der Welt kann uns die innere Zufriedenheit, Ruhe und Liebe geben, die Gott für uns bereithält. In der Natur, in der Stille spüre ich Gott, da bin ich ihm ganz nah und fühle seine tiefe Liebe. Diese tiefe Liebe lässt mich ruhig werden.

Gott möchte, dass wir ihm unsere Sorgen übergeben und er gibt uns dafür seine Ruhe und Zufriedenheit.

Schritt für Schritt leitet Gott mich an. Er räumt mir die Steine zur Seite. Er gibt mir die Kraft, nicht aufzugeben, er stärkt mich, treibt mich voran und lässt mich geistig wachsen. Glauben und vertrauen Sie nur Gott, denn er liebt Sie aufrichtig. Sie werden Tag für Tag eine Veränderung spüren.

Gott verspricht nicht, dass es leicht wird, aber sie werden, wenn sie auf Gottes Stimme hören, eine Erneuerung ihrer selbst erleben. Sie müssen Gott um Hilfe bitten. Nur wer bittet, wird auch erhalten! Gott erneuert ihren Geist und er erneuert Ihren Körper, aber Sie müssen ihm gehorchen.

Wie viel Energie wir Menschen doch haben, wenn wir uns neu verlieben. Wir sprühen förmlich vor Energie und Kraft und fühlen uns, als könnten wir Bäume ausreißen.

Die Liebe ist die größte Kraftquelle, die der Mensch hat, deshalb sollten wir diese von Gott gegebene Kraftquelle nie versiegen lassen. Gott ist das Licht in der Dunkelheit, er ist die Liebe.

Sei mutig und stark! Fürchte dich also nicht, und hab keine Angst; denn der Herr, dein Gott, ist mit dir bei allem, was du unternimmst (Josua 1,9).

Träume und Visionen

Wir Menschen sind in der Lage, uns zu motivieren oder holen uns Motivation von anderen. Dann werden wir für eine Zeit aufgeladen. Ich habe die Erfahrung gemacht, dass diese Motivation, die wir uns von anderen Menschen holen, nie lange anhält. Wenn der erste Sturm kommt, wenn sich Hindernisse auftürmen und unüberwindbar scheinen, dann brechen wir zusammen.

Ich bin heute durch unsere Siedlung gegangen und habe mir die vielen zerplatzen Träume angesehen. Dort steht eine Gaststätte leer und verkommt und da wird an einem schönen neuen Haus nur noch das Notwendigste getan, weil sich das Paar, das darin wohnt, trennen will. Hier wurde eine neue Geschäftsidee ins Leben gerufen, das Schild hängt noch an der Wand, aber die Räumlichkeit ist längst verlassen. Ein trauriges Bild, denn das waren alles Hoffnungen und Wünsche, die so einfach verpufft sind. Auch ich habe so viele Dinge angefangen, habe mich neu verliebt, war voller Hoffnung, habe ein neues Haus bezogen und dieses voller Energie geputzt. Und bin so oft gescheitert. Manchmal ist ein Neuanfang gut, aber zu viele Neuanfänge rauben uns die Kraft, bis wir irgendwann an dem Punkt angelangt sind, an dem wir einfach nicht mehr können – wir sind ausgebrannt. Wenn wir uns nur auf uns selbst oder auf andere Menschen verlassen, dann werden wir wahrscheinlich immer wieder an diesem Punkt des Ausgebrannt-seins ankommen.

Ich musste das schmerzlich erkennen. Ich war nicht nur ausgebrannt, sondern schon fast verglüht, denn ich wollte nicht mehr leben.

Ich sah keinen Sinn mehr darin weiterzumachen. Das Leben war mir zur Last geworden und ich traute keinem mehr, auch nicht mir selbst.

Mein ganzes Leben lang habe ich Gott verleugnet und doch hat er mich, als ich am tiefsten Punkt angekommen war, an die Hand genommen und mich aufgefangen. Gott liebt mich!

In deine Hände befehle ich meinen Geist; du hast mich erlöst, HERR, du treuer Gott (Ps 31,6).

Wir sollten lernen, nur Gott zu vertrauen, denn er allein ist die Wahrheit und die Herrlichkeit in Ewigkeit. Amen

Erneuerung heißt auch zu erkennen, dass wir in der menschlichen Welt nur Frieden und Glück finden können, wenn wir in unserer geistigen Welt mit Gott verbunden sind.

Dies ist der Tag, den der Herr macht; lasset uns freuen und fröhlich darinnen sein (Psalm 118, 24)

Wenn man bereit ist Gott zu suchen und in das eigene Leben zu lassen, dann ist auch er bereit einem Suchenden Zeichen zu geben.

Wenn wir Gott um etwas bitten, dann wird er uns erhören. Wenn Sie Gott annehmen wollen, dann fangen Sie an zu beten. Suchen Sie sich einen stillen Ort oder gehen Sie spazieren und reden Sie mit Gott, er wird sich Ihnen offenbaren.

Darum sage ich euch: Alles, was ihr bittet in eurem Gebet, glaubet nur, dass ihrs empfangen werdet, so wird`s euch werden (Markus 11, 24).

Mit Gottes Hilfe werden Sie aktiv. Gott möchte, dass wir ihm gehorchen. Er sagt uns, was wir tun sollen. Aber wir müssen lernen, geduldig zu sein. Eine Veränderung findet nicht von heute auf morgen statt.

Manchmal denken wir, wir treten auf der Stelle und nichts bewegt sich. Doch dann, eines Tages, sehen wir die Veränderung. Gott hat seinen Zeitplan für uns und daran müssen wir uns gewöhnen.

Bitten Sie Gott um Ruhe und Zuversicht für jeden neuen Tag und sie werden die Erfolge spüren.

Wenn Gott uns erneuern möchte, dann müssen wir viele von unseren alten und schlechten Gewohnheiten ablegen.

Gott hat uns nicht versprochen, dass es einfach werden wird, aber er verspricht uns, dass er uns zur Herrlichkeit und Glückseligkeit führen wird.

Gottes Weg ist der einzig richtige. Wir sollten diesen Weg nicht mehr verlassen. Daher sollten wir uns auch nicht von weltlichen Dingen verführen lassen.

Wenn wir Gott folgen, dann ist es nicht wichtig, ob wir mit den Nachbarn trinken, um hier gut angesehen zu sein oder mit der Freundin tratschen, um den neusten Klatsch zu erfahren. Das alles gefällt Gott nicht und wir sollten uns davon lossagen. Vertrauen Sie Gott, dann können Sie auch den Menschen mit Liebe und Respekt begegnen.

Halten Sie sich aber fern von Menschen, die immer nur Schlechtes reden, um überhaupt zu reden, die immer nur lästern und über andere herziehen.

Ich war genauso. Ich konnte stundenlang über die Fehler anderer Menschen herziehen. Was hat der gemacht, wie hat die sich benommen, ist der den von allen guten Geistern verlassen usw. Alle anderen waren schuld, nur ich nicht. Alle anderen Menschen waren schlecht, nur ich nicht. Es ist so einfach, mit dem Finger auf andere zu zeigen. Gott zeigt uns unsere Fehler auf und das ist manchmal sehr schmerzhaft. Aber weil er uns immer wieder einen Spiegel vorhält, wachsen wir und verändern uns.

Öffne mir die Augen, dass ich sehe die Wunder an deinem Gesetz (Ps 119,18).

Gottes Weg für mich ist oft sehr beschwerlich, aber er hat mir versprochen, die Hindernisse zur Seite zu räumen, sodass es mir immer leichter fällt, den Weg weiter zu gehen. Er hat mir gesagt, ich soll schreiben, also schreibe ich.
Anfangs fiel mir nicht viel ein. Ich wusste nicht, was ich schreiben sollte, da ich gerade erst angefangen habe, die Bibel zu studieren und noch lange nicht bibelfest bin.
Gott hat mir gesagt, Jesus ist in mir, er wird mich anleiten. Ich soll nicht daran denken, dass einige Menschen mich verspotten und mich vielleicht für verrückt erklären werden, denn das ist nur allzu menschlich und sie wissen nicht, was sie tun.

Das ist für Verstandesmenschen nicht unbedingt einfach zu verstehen, denn das, was wir nicht sehen können, daran glauben wir nicht.
Aber genau das ist es, was uns Gott näher bringt.

Jesus Christus: „Ich bin der Weg und die Wahrheit und das Leben; niemand kommt zum Vater denn durch mich." (1.Mose 14,16)
.
Gott offenbart sich dem, der glaubt. Nur wenn wir fest glauben, dann wird sich alles in unserem Leben zum Besseren wenden.
Ein wichtiger Schlüssel zum Glück ist das Gebet!

Ich vertraue auf Gott, denn er hat mir gesagt, dass ich schreiben soll und ich schreibe.

Jesus gibt mir so viele Ideen ein, dass ich fast nicht aufhören kann zu schreiben. Er lässt mich erkennen, was richtig oder falsch ist.

Jesus aber sprach zu ihnen: Ich bin das Brot des Lebens. Wer zu mir kommt, den wird nicht hungern; und wer an mich glaubt, den wird nimmermehr dürsten (Johannes 6,35).

Einmal habe ich mich darüber beklagt, dass einige Nachbarn uns nicht einladen. Mein Problem ist nur, dass ich eigentlich auch keine Lust habe hinzugehen, weil ich mich auf Feierlichkeiten, auf denen übermäßig viel getrunken wird nicht wohlfühle und man wird schnell zur Spaßbremse, wenn man nicht so viel Alkohol trinken möchte.

Gottes Antwort war: „Alles Weltliche soll nicht dein Ziel sein!" Er sagt mir immer wieder, dass die Menschen zu mir kommen werden, wenn meine Zeit gekommen ist und ich dazu bereit bin. Das ist sein Plan für mich. Nur dieser Weg führt mich zu Frieden und Glück.

Nicht mehr und auch nicht weniger.

Gottes Wort für mich

„Du hast dir ein Holzhaus gewünscht, du hat dein Holzhaus mit Pool. Du hast dir einen anderen Mann gewünscht der dich respektiert, ich habe dir diesen Wunsch erfüllt. Du wolltest mehr Zeit zum schreiben. Du hast deine Zeit bekommen. Jetzt tu was. Wenn du leidenschaftlich bist, wenn man spürt, dass du für mein Wort brennst, werden Menschen dir folgen.

Ich gebe dir meine Kraft, Ruhe und Zuversicht, damit du deine Werke vollenden kannst. Nutze die Zeit sinnvoll. Ich will kein Jammern und Klagen hören. Wenn du glaubst, von ganzem Herzen glaubst, dann wird dein Leben wunderbar.

Du brauchst keine Angst vor der Zukunft haben, denn ich bin in dir und begleite dich. Du bist ein Problemlöser. In dir sind die Stärke und die Weisheit einen Adlers und so wie er, nutzt du jeden Sturm, um noch höher hinaufzukommen. Du kannst gegen alle Versuchungen ankämpfen. Der Teufel kann dir nichts anhaben, denn ich bin dein Schild. Meine Engel schützen dich. Gehe deinen Weg und erfülle meinen Plan. Gib niemals auf. Jesus Licht ist in dir.

Du bist auch nicht zu alt, um Großartiges zu leisten. Lass dein Licht in die Welt leuchten. Du bist gesegnet. Alle deine Hoffnungen und Wünsche erfüllen sich. Sei nicht mutlos, sei kraftvoll und glaube an dich. Sei gütig und gnädig und sei den Menschen ein Vorbild.

Mein Wort rettet die Menschheit vor ihrer Torheit und vor dem Teufel. Schreib es auf. Deine Aufgabe ist es, mir zu gehorchen und alles wird gut. Sei nicht ängstlich, sei mutig und stark. Jesus ist in dir, er wird dir helfen und dich anleiten. Sei nicht mehr trübsinnig, sondern freue dich über jeden neuen Tag. Erzähle den Menschen von deiner Depression und wie du, mit meiner Hilfe, den Weg ins Licht gefunden hast. Alles wird sich für dich zum Guten wenden, du musst nur lernen, mir zu folgen und mir zu vertrauen.

Vertrauen und Glauben sind die Schlüssel für ein friedvolles Leben.

Du hast so viele Talente, nutze sie, um deine Bücher zu verbreiten. Du kennst dich doch im Internet aus, nutze dieses Wissen. Die Menschen werden zu dir kommen. Du musst nur stark im Glauben sein und nicht immer nur jammern. Du hast die Zeit, die du brauchst, um dich auf deine Aufgabe vorzubereiten, nutze diese Zeit sinnvoll. Du sollst prophetisch sein im Denken, sei ein Jünger Jesu. Folge ihm bedingungslos und er wird dich in die richtige Richtung führen. Jesus gibt dir sein Licht, er lässt dich leuchten, er gibt dir die richtigen Worte, damit die Menschen dir folgen können. Sie werden dein Licht erkennen. Sie werden dir zuhören, denn sie sind Suchende. Sie möchten sich nicht sorgen. Wer an Gott glaubt, braucht sich keine Sorgen machen, das gilt auch für dich. Gib mir deine Sorgen, ich werde dir immer helfen.

Bleib stark. Du siehst doch, wie oft ich dir geholfen habe. Schau nicht zurück. Schau gerade aus. Sei kraftvoll und voller Energie für die neuen Aufgaben, die ich dir jetzt immer wieder stellen werde. Denn deine Zeit ist bald gekommen und du wirst vor Arbeit nicht mehr zur Ruhe kommen. Aber die Arbeit, die ich dir gebe, wird dich glücklich machen und dich erfüllen.

Bitte und du wirst erhalten. Glaube und du wirst errettet. Träume und es wird dir erfüllt. Danke und du wirst bekommen. Liebe und du wirst geliebt!

Auch Sie können lernen, Gottes Stimme zu hören.

Das Böse besiegen

Wir müssen das Böse in uns besiegen. Der Teufel lauert hinter jeder Ecke und will uns verführen. Er mag nicht, wenn wir uns Gott zuwenden, denn er liebt die Ungläubigen und hat leichtes Spiel mit ihnen.
Auch ich war fest in der Hand des Teufels. So viele Dinge, die ich getan habe, bereue ich heute zu tiefst. Gott hat mir die Augen geöffnet.
Wir sollten am Morgen mit Gott aufwachen. Die ersten Minuten des Tages sollen Gott gehören, damit wir uns ein Schutzschild gegen den Teufel zulegen können.

Immer wieder schleichen sich schlechte Gedanken ein. Der Teufel versucht immer wieder, uns vom rechten Weg abzubringen.
Je mehr ich mich aber mit Gott beschäftige, umso schwerer hat der Teufel Zugang. Mit Gottes Hilfe kann ich schlechte Gedanken in gute verwandeln. Darüber ärgert sich der Teufel und greift immer wieder an. Gott gibt mir die Stärke und die Kraft, dem Bösen zu widerstehen.
Kein Teufel kann mich angreifen. Kein Mensch kann mich mehr verletzen oder richten, denn Gottes Liebe ist mein Schutzschild.
Das gibt mir die völlige Sicherheit, unter seinem Schutz zu stehen.
Ich brauche keine Angst mehr zu haben, denn Gott ist bei mir.

Und nun spricht der Herr, der dich geschaffen hat, Jakob, und dich gemacht hat, Israel: Fürchte dich nicht, denn ich habe dich erlöst; ich habe dich bei deinem Namen gerufen; du bist mein … (Jesaja 43,1).

Vertrauen

Gott ist immer für uns da. Er ist uns gnädig und lässt uns nicht im Stich. Jeder neue Tag ist ein Geschenk von Gott und wir sollten dankbar sein für alles, was er uns gibt. Zeigen Sie ihm seine Dankbarkeit.

Gebet für den Tag

Gott, danke für den neuen Tag, ich weiß, mir wird heute nur Gutes widerfahren, denn du bist bei mir. Ich glaube an dich, an deine Stärke und Weisheit. Mit deiner Hilfe kann ich alles schaffen, was ich schaffen muss. Du bist mein Herr, mein Gott. Ich liebe dich und ich weiß, dass du mich liebst! Amen

Beim Aufräumen meines Schreibtisches fiel mir vor Kurzem eine Liste mit den Dingen, die ich mir in den letzten Jahren gewünscht hatte, in die Hände.
Vieles davon hat sich erfüllt, aber ich war so mit meiner Unzufriedenheit beschäftigt, dass ich das gar nicht realisiert hatte.
Auf meiner Liste stand, dass ich mir ein Holzhaus mit Pool in einer schönen Umgebung wünschte. Ich wohne heute im Hochtaunuskreis in einem Holzhaus mit Pool. Und war trotzdem immer wieder unzufrieden. Dies ist nicht richtig und jenes ist nicht gut. Wir waren sogar schon kurz davor, unser Traumhaus wieder zu verkaufen, denn ich wollte ein größeres Haus in Alleinlage, damit uns die Nachbarn nicht auf den Wecker gehen. Gott hat mich zurück auf den Boden der Tatsachen

geholt. Hier ist es ein Nachbar und dort sind es dann drei Nachbarn, die nerven. Gott schenkt uns kein größeres Haus, wenn wir das alte nicht putzen. Er schenkt uns auch nicht mehr Geld, wenn wir nicht sparsam sein können.Wir würden eh wieder alles verlieren. Gott hat auch mir eine Lektion erteilt, indem sich unsere finanzielle Lage wieder verschlechtert hat. Man weiß erst zu schätzen, was man hat, wenn man kurz davor steht, es zu verlieren. Gott hat mir gezeigt, dass ich meine Einstellung ändern muss, um glücklich und zufrieden zu sein. Ich brauche nur einige Meter zu gehen und bin in wunderschöner Natur. Das ist ein Geschenk Gottes und lässt sich mit keinem Geld der Welt bezahlen.

In der Bibel unter dem Buch der Weisheit findet sich unter 2 „Vom Treiben der Frevler": *Sie tauschen Ihre verkehrten Gedanken aus und sagen: Kurz und traurig ist unser Leben.*

Ich will jetzt nicht alles wortwörtlich aufführen. Lesen Sie es selbst nach!

Ich aber darf dir immer Nahe sein, mein Herr und Gott; das ist mein ganzes Glück! Psalm 73,28

Wertvoller als der größte Reichtum

Glücklich der Mensch, der weise und urteilsfähig geworden ist! Er ist reicher als jemand, der Silber und Gold besitzt. Selbst die größten Schätze und die schönsten Perlen verblassen gegenüber dem Wert der Einsicht. Wer weise ist, wird lange leben und Reichtum und Ansehen erwerben. Ja, die Weisheit schenkt Glück und Sicherheit; sie allein gibt ein erfülltes Leben und wer an ihr festhält, ist glücklich! Mit Weisheit schuf Gott die Erde, mit seinem Verstand entwarf er das Weltall. Seine Klugheit ließ die Quellen aus der Tiefe hervorsprudeln und Regen aus den Wolken fallen. Mein Sohn, achte darauf, dass du die Weisheit und Besonnenheit nie aus den Augen verlierst! Sie wird dein Leben erfüllen und dir Ansehen bei den Menschen verleihen. Dann kannst du sicher deinen Weg gehen, nichts bringt dich zu Fall. Dein Schlaf ist ruhig und tief; vor nichts brauchst du dich zu fürchten - auch nicht vor dem Unglück, das gottlose Menschen plötzlich trifft. Denn der Herr beschützt dich; er lässt dich nicht in eine Falle laufen (Sprüche 3).

Unter Kapitel 2, Vers 21-25 ist zu lesen: So denken sie, aber sie irren sich; denn ihre Schlechtigkeit macht sie blind. Sie verstehen von Gottes Geheimnis nichts, sie hoffen nicht auf Lohn für die Frömmigkeit und erwarten keine Auszeichnung für untadelige Seelen. Gott hat den Menschen zur Unvergänglichkeit erschaffen und ihn zum Bild seines eigenen Wesens gemacht. Doch durch den Neid des Teufels kam der Tod in die Welt und ihn erfahren alle die ihm angehören.

Ein Mensch, der nicht glauben kann ist verloren.
Er ist den Versuchungen des Teufels hoffnungslos ausgeliefert. Ein Mensch der nicht glauben kann und sich vom Teufel beseelen lässt, verliert den Respekt vor dem Leben und vor der Liebe.

Ein Mensch, der nicht glauben kann, tritt Gottes Gebote mit Füßen und verachtet im Grunde seines Herzens, sich selbst am meisten.

Wer Gott gehorcht, dessen Worte sind wohltuend und hilfreich; aber was der Gottlose von sich gibt, richtet nur Schaden an (Sprüche 10,32).

Bete sie nicht an und diene ihnen nicht. Denn ich, der Herr, dein Gott, bin ein eifriger Gott, der da heimsucht der Väter Missetat an den Kindern bis in das dritte und vierte Glied, die mich hassen (;Mose 20, 5).

Wir sollen Gottes Wort studieren und um seinen Schutz bitten, denn kein Diplom und kein Doktortitel beschützen uns Menschen davor, dem Teufel auf dem Leim zu gehen.

Das Buch der Weisheit 4,20- 5,23 Zitternd kommen sie zum Gericht über ihre Sünden; ihre Vergehen treten ihnen entgegen und überführen sie. Dann wird der Gerechte von Zuversicht dastehen vor denen, die ihn bedrängt und seine Mühen verachtet haben. Wenn sie ihn sehen, packt sie entsetzliche Furcht und sie geraten außer sich über seine unerwartete Rettung. Jetzt denken sie anders, seufzend und voll Angst sagen sie zueinander: Dieser war es, den wir einst verlachten, verspotteten und verhöhnten, wir Toren.

Suchen Sie Gott und bitten Sie ihn um Hilfe! Gott wartet auf Sie. Lernen Sie, demütig zu sein. Gott wird Sie leiten und Sie auf den richtigen Weg führen.
Gott möchte, dass wir frei vom menschlichen Denken sind.

Wir sollen im Geist mit ihm leben, nur so erfüllt er uns mit Erkenntnis.

Danket dem Herrn; denn er ist freundlich, und seine Güte währet ewiglich. Chronik 16, 34

Unser innerer Dialog reißt aber auch nicht ab, wenn sich alles nur um uns selbst dreht: Gott, womit habe ich das verdient; Gott, ich kann nicht mehr; Gott, hilf mir doch; Gott, warum tust du mir das an; Gott, ich hasse meine Nachbarn; Gott, ich hasse meine Arbeit! Wir sollen lernen, dankbar und demütig zu sein, dann dreht sich nicht mehr alles um uns selbst.

Gott danken!

Gott, ich danke dir für diesen neuen Tag, ich danke dir für alles, was du uns geschenkt hast, für den reichlich gedeckten Tisch, dass wir im Überfluss leben, für meinen lieben Mann und die lieben Kinder, für alles, was ich bis jetzt erreicht habe und dafür, dass wir Arbeit haben.

Ich weiß: Gott liebt mich. Er nimmt mich an die Hand und führt mich. Er weiß, dass ich immer noch Fehler mache. Gott benutzt oft Menschen, die vom rechten Weg abgekommen sind, für seine Zwecke. Er freut sich darüber, dass er eine Seele vom Teufel befreien kann. Gott sieht auch im Sünder das Gute. Er sieht, wenn jemand wirklich bereut, und er ist gnädig. Vertraue Gott und nur Gott. Nur wenn du Gott vertraust, wird dein Leben wunderbar. Gott lässt dich nicht im Stich. Er lässt den Gläubigen strahlen.

Die Bibel ist mein Wegweiser zu Gott und zum Leben. Die Wahrheit der Bibel schenkt mir meine Lebenskraft.

Werdet stark durch die Verbindung mit dem Herren! Lasst euch stärken von seiner Kraft ... (! Epheser 6,10).

Der Teufel will uns immer wieder verführen. Er will uns vom rechten Weg abbringen. Er lässt uns in unsere alten und schlechten Gewohnheiten zurückfallen. Gott will nicht, dass wir aufgeben. Er will, dass wir weitergehen, auch wenn der Weg noch so steinig wird. Wenn wir ihn anrufen, räumt er uns nach und nach den Weg frei.

Ich habe verstanden: Wenn wir Gott in unser Leben lassen, ihn lieben, wenn er in uns ist, dann kann uns nichts passieren, dann kann uns der Teufel nichts anhaben. Wir müssen geduldig darauf hoffen, dass er uns im richtigen Moment hilft. Gott hat uns längst unsere Sünden verziehen. Er schaut nicht zurück. Er ist nicht nachtragend, wie die Menschen. Wenn wir ihn annehmen, wenn er in unserem Herzen ist, wenn wir ihn lieben, ihm treu sind und gehorchen, dann richtet er alles nach seiner göttlichen Ordnung. Gott spricht zu uns in der Stille. Er möchte, dass wir ruhig und zuversichtlich sind und auf sein Wort hören.

Gebet: Gott ich überlasse dir heute meine Sorgen und du gibst mir dafür deine Ruhe und Zuversicht. Amen

Geld

Geld ist Macht! In der heutigen Zeit zählt für viele nur noch das Geld. Jeder will gerne zeigen, was er hat.

Wir leben in einer Zeit der Kreditkarte, was nicht bar bezahlt werden kann, wird mit Kreditkarte bezahlt. Viele Menschen, auch wir, sind überschuldet. Alles dreht sich nur noch ums Geld. Wie kann ich schnell zu Geld kommen? Wer heute nichts vorzuweisen hat, der hat es in unserer Gesellschaft schwer, daher werden die Anforderungen in Schule und Beruf auch immer stressiger.

Der Mensch zählt eigentlich nicht mehr viel, sondern nur noch die Leistung. Wer nicht mithalten kann, wird aussortiert. Ältere Menschen haben kaum noch eine Lobby – nur die Jugend zählt. Viele Menschen sind diesen Anforderungen nicht mehr gewachsen und brennen aus – Burn-out.

Auch ich fiel auf die Versprechungen des Teufels herein und verleugnete Gott. Macht, Geld, Gier, Habsucht, all das scheint uns wichtiger zu sein als die Liebe.

Wer glaubt denn in der heutigen Zeit noch an Gott? Das ist doch altmodisch und lächerlich! Wir können alles, sind studiert, erfahren, belesen, leben im Überfluss, sind egoistisch und geizig. Der Mensch denkt, er braucht nur Energie, Jugendlichkeit, Selbstbewusstsein, Hartnäckigkeit, Ellbogendenken und vor allem Gefühlslosigkeit und kann so alles erreichen. Aber was passiert in einer Welt, in der ein christlicher Glaube keinen Platz mehr hat?

Wir Menschen denken, wir können alles alleine schaffen. Wir brauchen nur genug Macht und Geld, dann steht uns die Welt offen. Wir geben an, sind aufgebläht, ungeduldig, hartherzig, dekadent, durchtrieben, verschlagen und hinterlistig.

Was zählt denn noch ein Menschenleben? Wir sehen uns Filme an, in denen Menschen gedemütigt, gefoltert und vergewaltigt werden und es berührt uns nicht einmal mehr. In den Nachrichten sterben hunderte von Menschen und es schockt uns nicht. Sind wir wirklich schon so abgestumpft? Die Schlagzeile kann gar nicht schrecklich genug sein.

Ist das von Gott gewollt? Nein! Gott will, dass wir gütig sind und Anteil nehmen am Schicksal anderer Menschen.

Wir sind nicht unmodern, wenn wir an Gott glauben, denn Gott ist allgegenwärtig. Gott ist der Anfang und das Ende aller Zeit. Er ist zu jeder Zeit modern. Ohne Gott sind wir nichts. Wenn wir nicht mehr glauben können, dann haben wir das Leben nicht.

Wer Geld liebt, wird Geldes nimmer satt; und wer Reichtum liebt, wird keinen Nutzen davon haben. Das ist auch eitel(Prediger 5,9).

Ein Wort noch zum Älterwerden

Viele Frauen, so auch ich, bekommen mit Beginn der Wechseljahre Depressionen. Herzklopfen und Herzrasen sind die ersten Anzeichen. Diese Frauen bekommen dann Antidepressiva verschrieben, um den Tag gut durchzustehen. Auch mir ist es so ergangen.

Plötzlich wird man älter, Falten werden sichtbar, der Körper ist nicht mehr so straff, man wird dünnhäutiger und für die Männer ist man plötzlich nicht mehr interessant. Wir Frauen sollten diese Zeit als eine Zeit der Erneuerung sehen. Wir sollten der Jugend nicht hinterher trauern. Jetzt beginnt eine andere Zeit. Ich habe meiner Jugend auch lange hinterher getrauert. Ich war hübsch und die Männer lagen mir zu Füßen.

Meine Depression fing auch mit den Wechseljahren an, es war eine schreckliche Zeit. Ich weiß heute, dass Gott mich durch die Wechseljahre geführt hätte, ohne in Selbstmitleid zu zerfließen.

Er hätte mir die Kraft gegeben, die Hormonschwankungen mit Heiterkeit zu nehmen. Gott will nicht, dass wir alles alleine durchstehen müssen. Er möchte uns beistehen, uns halten und schützen. Gott will nicht, dass wir Stimmungs-Aufheller nehmen müssen, um den Tag zu überstehen.

Gottes Strahlen erhellt unseren Geist, wir müssen nur bereit sein, ihn in unser Leben lassen.

Wenn wir uns ihm hingeben, uns voller Zuversicht und Glauben fallen lassen, wird er uns auffangen, so erstrahlt jeder Tag durch Gottes Glanz. Für Gott ist das Alter keine Schande, ganz im Gegenteil. Gottes Zeit ist ewig. Nur im Alter hat der Mensch Erfahrung, Wissen, Erkenntnis über das Leben und Weisheit. In vielen Kulturen wird der alte Mensch für seine Weisheit verehrt.

Leider ist das in unserer so genannten zivilisierten Welt nicht mehr so. Nur die Jugend zählt noch. Ältere Menschen werden in den Betrieben aussortiert. Eigentlich kein Wunder, dass alles krachen geht!

Viele alte Menschen sterben einsam, weil die jüngeren keine Zeit mehr haben, immer im Stress sind, immer auf der Suche nach Anerkennung, Spaß, Macht, Geld und Abenteuer.

Das Gute ist aber, dass wir alle älter werden. Die Jugend von heute sind die Alten von morgen.

Gott hat immer für uns Zeit, egal wie alt wir sind. In der Bibel können wir nachlesen, dass Gott gerade alte Menschen für seine Dienste gebraucht hat. Er hat sie zu seinen Propheten gemacht und sie haben Großes für die Menschheit geleistet.

Sei gern bei den Alten; und wo ein weiser Mann ist, zu dem halte dich. Höre gern jegliches Wort Gottes, und merke die guten Sprüche der Weisheit.

Sirach Kapitel 6,35

Ein letztes Wort

Noch ein letztes Wort zu unseren Mitmenschen. Gott will, dass wir gütig und weise sind. Dass wir die Menschen lieben. Er will aber nicht, dass wir uns von anderen negativ beeinflussen lassen.

Meiden Sie negative Menschen. Sie müssen nicht auf jeder Party dabei sein, sich volllaufen lassen, nur weil alle das tun und Sie dazugehören wollen. Sie müssen auch nicht ständig über andere reden.

Es gibt so viele Dinge, über die man sich ärgern und aufregen kann, aber wem nützt es was? Sie machen sich nur Ihre Nerven kaputt. Take it easy! Nimm es leicht! Natürlich sollten Sie die Augen nicht vor allen Ungerechtigkeiten dieser Welt verschließen und wenn Sie sich für andere Menschen einsetzten möchten, so ist das gut, aber lassen Sie sich nicht aufreiben oder ausnutzen. Wie wollen Sie andere glücklich machen, wenn Sie selbst unglücklich sind? Sie müssen einfach lernen positive Momente zu pflücken und negative Momente vorbeiziehen zu lassen. Nach jedem Tief kommt immer wieder ein Hoch. Die Natur lebt es uns vor und Gott hat die Natur geschaffen. Es gibt für alles eine göttliche Ordnung und wenn wir uns danach richtigen, dann sind wir auch ein Teil dieser Ordnung. Leben Sie nicht einfach so in den Tag hinein und verbringen Sie nicht so viel Zeit mit unsinnigen Dingen. Jeder Tag ist ein Geschenk. Verbringen Sie Zeit mit Gott und regeln sie Ihren Tagesablauf und Sie werden sehen, dass alles so viel einfacher wird. Bringen Sie Dinge, die Sie angefangen haben zu Ende – egal was es ist. Sie werden selbst auf sich stolz sein. Denken Sie daran, das Leben findet immer einen Weg, denn der Weg ist das Ziel. Nichts kann, im positiven Sinne, anregender und aufregender sein, als eine bestimmte Sache zu verfolgen und danach zu trachten, diese auch, zu beenden. Reichtum ist keine Garantie für Zufriedenheit und Glück. Ein Zuviel an Ehrgeiz kann sogar krank machen. Um erfolgreich, zufrieden und glücklich zu sein, sollten Sie lernen, Gott zu vertrauen und jeden Tag zu genießen. Achten Sie auf die Qualität Ihrer Gedanken und sagen Sie rechtzeitig genug *Stopp,* wenn der Teufel Sie wieder angreifen will und Ihnen schlechtes einreden möchte. Leben Sie nach Ihren eigenen Vorstellungen und nicht, nach den Vorstellungen andere Menschen. Gott wird Sie leiten. Wenn Sie ihm vertrauen, dann werden Sie Ruhe und Zufriedenheit finden und auch endlich glücklich sein können. Wenn Sie sich zu Gott bekannt haben, dann leben Sie auch danach. Die Menschen lästern heute mit Ihnen über andere und morgen über Sie. Sie werden nie erleben, dass alle Menschen Sie mögen. Der ungläubige Mensch findet immer einen Grund, gegen Sie zu sprechen. Der Teufel benutzt andere Menschen, weil er nicht möchte, dass Sie zu Gott gehören. Er wird auch immer wieder versuchen Sie anzugreifen, aber denken Sie daran – Gott ist Ihr Schild.

Seien Sie einfach nur nett und höflich. Haben Sie für jeden ein gutes Wort und lassen Sie sich nicht aus der Ruhe bringen.

Wenn Sie sich in der heutigen Zeit zu Gott bekennen, werden Sie auf Unverständnis und vielleicht sogar Verachtung treffen. Gott gibt Ihnen eine starke Haltung. Er stärkt Sie. Er schenkt Ihnen Gottvertrauen. Lächeln Sie einfach! Denn Sie wissen es ganz genau: Gott wohnt in Ihnen und er lässt Sie strahlen!

Die Frucht aber des Geistes ist Liebe, Freude, Friede, Geduld, Freundlichkeit, Gütigkeit, Glaube, Sanftmut, Keuschheit (Galater 5,22).

Doch ich vertraue auf dich, Herr, und sage: Du bist mein Gott! Meine Zukunft liegt in deinen Händen. Rette mich vor meinen Feinden, die mich verfolgen (Psalm 31,15–16).

Er aber spricht zu ihnen: Wegen eures Kleinglaubens; denn wahrlich, ich sage euch, wenn ihr Glauben habt wie ein Senfkorn, so werdet ihr zu diesem Berg sagen: Hebe dich weg von hier dorthin! und er wird sich hinwegheben. Und nichts wird euch unmöglich sein (Matthäus 17,20).

Und Jesus antwortete und spricht zu ihnen: Habt Glauben an Gott! Wahrlich, ich sage euch: Wer zu diesem Berg sagen wird: Hebe dich empor und wirf dich ins Meer! und nicht zweifeln wird in seinem Herzen, sondern glauben, dass geschieht, was er sagt, dem wird es werden. Darum sage ich euch: Alles, um was ihr auch betet und bittet, glaubt, dass ihr es empfangen habt, und es wird euch werden (Markus 11,22-24).

Ohne Glauben aber ist es unmöglich, ihm wohlzugefallen; denn wer Gott naht, muss glauben, dass er ist und denen, die ihn suchen, ein Belohner sein wird (Hebräer 11,6).

Alpha Kurse

Eine praktische Einführung in den christlichen Glauben.

Die Alpha-Kurse vermitteln die grundlegenden Prinzipien, die Jesus lebte und lehrte – entspannt, praktisch und lebensnah. Alpha wurde ursprünglich in London „erfunden". Heute finden weltweit über 14.000 Alpha-Kurse in christlichen Gemeinden verschiedenster Konfessionen statt.

Unser Schöpfer hätte niemals so wundervolle Tage geschaffen und uns das Herz gegeben um sie, fern und abseits jeder Vernunft, zu genießen, wenn wir nicht unsterblich wären.

Nathaniel Hawthorne

Der Herr ist gut zu denen, die nach ihm fragen, zu allen, die seine Nähe suchen (Klagelieder 3,25).